南京农业大学经济管理学院论丛

—— 博士论文卷 ——

大豆进口对中国种植业的影响研究

Study on the Influence of Soybean Import on China's Cropping Industry

朱思柱◎著

图书在版编目（CIP）数据

大豆进口对中国种植业的影响研究/朱思柱著 . —北京：经济管理出版社，2017. 12
ISBN 978 - 7 - 5096 - 5618 - 1

Ⅰ. ①大…　Ⅱ. ①朱…　Ⅲ. ①大豆—进口—影响—种植业—研究—中国　Ⅳ. ①F326. 1

中国版本图书馆 CIP 数据核字(2017)第 325800 号

组稿编辑：曹　靖
责任编辑：张巧梅
责任印制：黄章平
责任校对：董杉珊

出版发行：经济管理出版社
（北京市海淀区北蜂窝 8 号中雅大厦 A 座 11 层　100038）
网　　址：www. E - mp. com. cn
电　　话：(010) 51915602
印　　刷：三河市延风印装有限公司
经　　销：新华书店
开　　本：720mm × 1000mm/16
印　　张：12. 25
字　　数：234 千字
版　　次：2018 年 6 月第 1 版　2018 年 6 月第 1 次印刷
书　　号：ISBN 978 - 7 - 5096 - 5618 - 1
定　　价：68. 00 元

编委会名单

总　　序

南京农业大学是教育部直属的“211 工程”重点建设大学，经济管理学院的前身是金陵大学和中央大学农业经济系，历史悠久，源远流长。金陵大学农业经济系自 1920 年起招收农业经济学本科生，自 1936 年起招收农业经济学研究生。当时的系主任卜凯（John Lossing Buck）教授领导全系师生从事的中国农村土地利用制度和经济社会发展状况的系统调查和建立在调查基础上的分析、研究，是利用现代经济学理论研究中国农村问题的划时代成果，至今在国际学术界仍具有重大影响。

注重调查实证的传统在南京农业大学经济管理学院得到了发扬光大。经过数代人的努力，本院农业经济管理学科在全国同类学科中处于领先地位，继 1989 年首批被评为国家重点学科之后，2001 年、2006 年再次被评为国家重点学科。经济学、管理学等学科也得到很快发展，目前拥有农林经济管理及应用经济学两个一级学科博士点。作为全国最早获准招收硕士及博士研究生的单位，在研究生培养方面注重质量，取得了突出的成绩。在迄今为止的全国百篇优秀博士论文评选中，南京农业大学经济管理学院有三篇博士论文先后入选全国优秀博士论文。为了更好地传播科研成果，南京农业大学经济管理学院自 2001 年起资助编辑和出版一系列学术著作，《南京农业大学经济管理学院论丛——博士论文卷》就是其中的一种。我们希望通过这种方式鼓励研究生做出更多、更优秀的成果，也希望通过这种方式加强与学术界同行的交流，促进经济管理类学科的发展。

钟甫宁

南京农业大学经济管理学院

目　　录

第1章 导论

1.1 问题的提出

2013年12月中央经济工作会议明确提出要构建新形势下以我为主、立足国内、确保产能、适度进口、科技支撑的国家粮食安全战略，首次将适度进口作为国家粮食安全的发展战略，为未来一段时期保障国家粮食安全和指导农业生产确立了方向。2014年中央一号文件《关于全面深化农村改革加快推进农业现代化的若干意见》中提出要更加积极地利用国际农产品市场和农业资源，有效地调剂和补充国内粮食供给，文件提出要在保障当期供给的同时，更加注重农业的可持续发展。另外，要做到谷物基本自给、口粮绝对安全，对于其他农产品就要利用好两种资源、两个市场，适当增加进口，但要把握好进口的规模和节奏，防止冲击国内市场，给农民增收和农业生产带来负面影响，这就意味着在发挥市场配置资源的过程中要处理好效率与公平的关系，同时要保证国内农业的综合可持续生产能力。

1996年中国开始放开国内大豆进口贸易，大豆进口的配额内税率仅有3%，但在实际操作过程中配额制并没有执行（朱希刚，2003），我国大豆进口从无到有并逐渐增加，到2000年突破千万吨大关。加入WTO后，大豆进口配额取消，大豆进口规模开始迅速增加，2013年全国大豆进口量达到6340万吨，超过世界大豆总贸易量的60%。中国大豆对外依存度不断攀升，国内榨油用大豆逐渐演变为主要依靠进口来满足。据国家粮油信息中心预测，2013年大豆压榨量增至6700万吨，较2001年增加了4675万吨，年均增长23.6%，而用于压榨的国产大豆仅有300万吨。在大豆进口剧增的同时国内大豆生产严重萎缩，2001~2013年，大豆播种面积共减少3720万亩，降幅达26.2%。

大豆作为中国开放时间最早、开放程度最大的农产品，在放开大豆进口十余年后国内大豆种植面积不断萎缩，大豆需求逐渐主要依靠进口大豆来满足，很多人认为这是市场竞争的结果，也是全球化背景下按照比较优势优化配置资源的必然，似乎开放中国的农产品贸易对中国有百利而无一害。过去大家公认的是中国的土地密集型农产品不具有比较优势，而中国的劳动密集型农产品具有比较优势，原因在于我们的劳动力成本低。但是随着劳动力成本的上升，我们的劳动密集型农产品也逐渐丧失了比较优势。尤其是近几年很多农产品进口势头很猛，主要农产品都表现为净进口。在这种情形下，是否就可以不加限制地放开农产品的进口市场，任由国外农产品进入中国？

从耕地和淡水等自然资源约束的视角来看，土地密集型农产品的进口在国内资源紧缺与需求高涨矛盾日益突出的背景下尤为必要。以亩均 125 千克计算，每生产 1 吨大豆需要 8 亩耕地当量，静态地看，进口 6000 万吨大豆相当于节省了 4.8 亿亩当季耕地。由此可见，大豆进口缓解了国内耕地供给短缺的压力，在靠国内无法解决粮食和主要农产品供给的问题时，利用国际市场就成为我国的必然选择（陈锡文，2012）。然而，伴随着大豆大规模进口而来的问题是，大规模国外大豆涌入国内市场，国内大豆价格受到抑制，不管国内生产成本与需求强度多大，国内大豆价格都要随着国外进口大豆的价格变化而起伏，国内大豆种植收益得不到保障，大豆生产积极性降低，国内大豆在生产与加工环节都要受制于人（倪洪兴，2010），空前的大豆进口量使国内大豆产业产生“沦陷”的担忧，因此要加强其他作物的国内生产，防止出现“第二个大豆”（韩长赋，2012）。当前在国内经济持续较快增长、国民收入水平进一步提高、食品消费结构继续升级的形势下，为保障国家食物安全，中国将通过进口更多“饲料粮”来隐性进口“土地与水资源”（黄季焜等，2012；于晓华等，2012）。中国大豆进口规模仍将持续增加，据美国农业部预测，到 2020 年我国大豆进口量将达 8700 万吨。随着我国农产品对国际市场依赖程度的不断加深，进口农产品在缓解食物供给问题的同时，也给国内种植业带来了诸多外部影响和不确定性。对于农产品而言，比较优势在贸易国之间的差异在很大程度上是由各国的自然资源禀赋、经济发展水平、科技水平、农业经济政策、人口和产业结构等因素共同决定的，上述因素中除了自然资源禀赋相对稳定，其他因素均处于动态的变化过程中，因此各国农产品比较优势并非一成不变，而是随着各国国情的变化而变化，在不同的发展阶段，农产品进口对国内农业产业的作用也将呈现出不同的效果并对国内农业生产产生不同的影响。如果在国

内市场流通结构建设和农业基础设施尚不完善之前就向国外竞争对手开放国内大豆市场，允许享受大量补贴的“洋大豆”进入中国市场，一方面会对降低国内农民收入，有些家庭可能会遭受损失，另一方面会给国内大豆的可持续发展和长期的国家粮食安全带来不良影响。由于农业生产系统涉及诸多农作物和农业生态，农作物之间由于用途和耕地的可替代性，大豆进口对不同作物的生产和不同区域农民收入的影响不尽相同，那么，如何评价大豆进口对国内种植业生产的影响？大豆进口对不同区域农民的收入又有什么差异？国内生产应该如何应对进口大豆的冲击？

当前的研究更多的是强调大豆进口对满足国内需求和缓解耕地压力的作用，即进口大豆满足了国内日益增长的食用油和饲用蛋白需求，避免了与粮争地，缓解了国内的耕地紧张，但对国内大豆种植环节却缺少应有的关注，鲜有关于大豆进口贸易对国内种植结构以及农户收入影响的定量研究，已有的关于大豆进口对粮食安全影响的研究基本止于静态分析，很少有从动态均衡的角度去研究大豆对粮食安全的定量作用。已有关于自由贸易对国内农业生产影响的定量文献大多是利用一般均衡模型或者福利分析方法从宏观层面或者是产业层面对贸易自由化以及国内农民影响进行较为宏观的研究（李善同等，2000；黄季焜，2001；马晓河，2002；黄季焜等，2002；郭熙保、罗知，2008 等；倪洪兴，2012），宏观层面的研究能够在一定程度上说明农产品进口对国内农业生产格局的作用，但却存在以下局限：一是将整个农业系统作为一个整体来研究，并不考虑地区之间的影响，这就忽视了自然条件因素对于农业生产的制约；二是用一般均衡模型或者局部均衡模型计算的结果忽视了微观农户的异质性，这类研究往往不加区分贸易开放对国内农民调整种植结构能力的差异而得到趋同的结论，无法关注具有不同地域不同社会经济特征的农户福利所受大豆进口的影响；三是当前的研究鲜有就大豆进口对中国农业生产和农民收入的影响进行较为全面和系统的研究。基于此，本书旨在就中国大豆产业由保护到开放、大豆进口规模由小到大的过程中，考察大豆进口对国内种植结构调整、粮食安全以及农民收入的影响，并从农户应对大豆进口冲击的视角，利用面板数据从微观层面实证考察大豆进口对不同区域大豆农户的种植结构调整行为的影响，最后从产业链的视角考察在大豆进口的过程中由于进口大豆控制对国内大豆种植业所造成的影响。

1.2 研究目标、研究假说与研究内容

1.2.1 研究目标

本书的总体研究目标是在全球化背景下考察不同类型的大豆进口对中国种植业生产、粮食安全和农民收入的影响，从微观层面实证分析大豆进口对不同区域从事大豆生产的农户的种植结构调整行为的影响及存在的差异，最后从产业链的视角对大豆产业链控制给国内大豆种植业带来的影响进行分析。具体的研究可分为以下几个目标：

目标一：定量分析短缺型大豆进口和价差型大豆进口对国内种植结构、粮食安全以及不同区域农民收入带来的影响。

目标二：定量研究大豆进口对大豆主产区豆农种植结构调整行为的影响以及区域间的差异。

目标三：基于产业链的视角探讨进口大豆控制对国内大豆种植业的影响。

1.2.2 研究假说

根据以上研究目标，本书提出以下研究假说：

假说一：短缺型大豆进口对保障国家粮食安全具有重要作用，价差型大豆进口将会对国内大豆生产造成严重冲击。

假说二：大豆进口对不同区域种植结构的影响存在差异，由于替代作物种类和收益的不同将会拉大不同地区之间的种植业收入差距。

假说三：大豆相对价格变化对国内不同地区以及同一地区不同特质农户的种植结构调整行为的影响存在显著差异。

1.2.3 研究内容

本书首先定量分析大豆进口对我国的种植业生产、粮食安全和农民收入的影响，其次对大豆主产区豆农为应对大豆进口冲击进行的种植结构调整行为以及不同地区之间的差异进行实证分析，最后从农业产业链的视角考察进口大豆控制对大豆种植业的影响。具体可分为以下三个部分：

内容一：通过利用农业局部均衡模型，分别就短缺型大豆进口和价差型大豆进口对国内种植业生产、国家粮食安全和农民收入的影响进行定量研究。

内容二：基于2006~2010年全国两个大豆主产区6个省份1818个微观农户的面板数据，利用面板Tobit模型实证分析，由于大豆进口导致的大豆相对价格变化对农户种植结构调整行为的影响。

内容三：基于农业产业链的视角，从进口大豆的产地资源、贸易渠道、定价权、加工压榨和市场销售等环节分析进口大豆控制对国内大豆生产的影响。

1.3 研究方法、数据来源和技术路线

1.3.1 研究方法

本书使用的研究方法包括定量分析方法和定性分析方法。其中定量分析方法包括中国农业政策分析模型和面板Tobit模型。

1.3.1.1 中国农业政策分析模型

针对大豆进口对国内种植结构的影响，之前的研究大多是从静态的视角来衡量大豆进口对节约国内耕地的作用，然而由于农业生产的联动性，一种农产品供给的变化往往会牵动整个农业生产系统，而并非简单的进口量与耕地的替换关系。基于此，我们通过利用一个局部均衡模型——中国农业政策分析模型（China's Agricultural Policy Analysis Model，以下简称CAPA模型）来进行比较静态分析。CAPA模型是一个开放的决策支持系统，建立该系统的目的是从供给与需求两方面模拟各种自然条件变化、社会因素变化、农业政策和贸易政策变化给中国农业生产以及农产品价格带来的影响，为政策决策部门进行农业预测、政策评价和政策模拟提供数量上的依据。本系统以全国31个省（市、自治区）为独立的决策单位，既可用于单个省份的决策分析，也可用于农业产区之间的决策分析，该系统是一个复合的模型，运用了经济计量模型和线性规划模型，模型通过以下过程建立：首先根据农产品的需求量和需求弹性确定各种农产品的需求曲线，然后根据自然条件（水资源和耕地资源）和社会条件施加诸多约束方程，最后模型在考虑了省际运销的基础上，根据生产者剩余最大化的原则，在供给曲线上寻求农业生产资源的最优解，即各种农产品生产的最佳生产面积，从而在供给曲线

与需求曲线的交叉点上得到各种农产品生产的最佳生产量和均衡价格（周文魁，2012）。模型还对非线性风险进行了校验，在经过校验之后，在基期年份模型的最优解就是当年的实际生产面积，从而保证模拟与生产实际相吻合。模型中各变量的约束关系和目标方程通过 GAMS 语言编写，模型结构如图 1－1 所示。

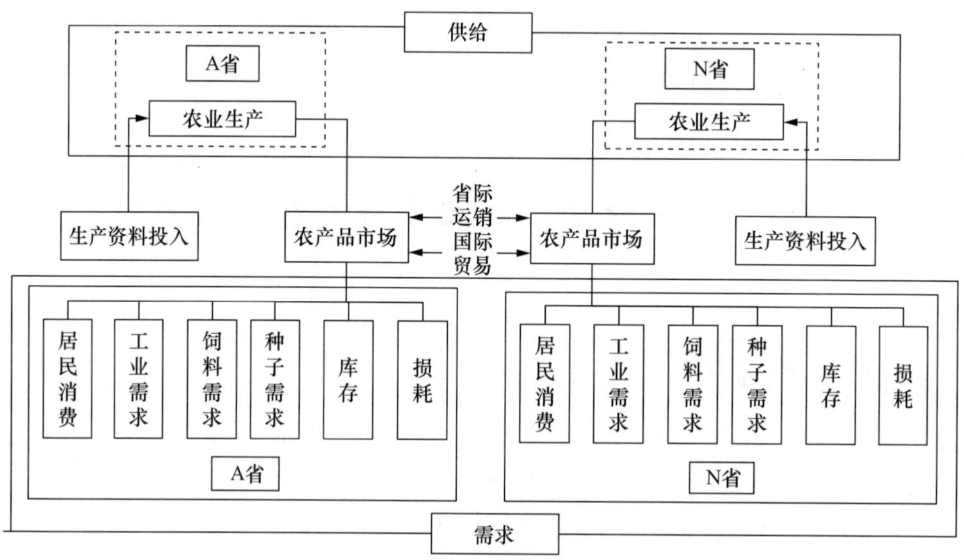

图 1－1　中国农业政策分析模型结构

中国农业政策分析模型是一种局部均衡模型（Partial Equilibrium Model），在供给方面考虑了所有的要素投入和主要农产品的主副产品产量，在需求方面考虑了居民消费、工业需求、饲料需求、库存、损耗、省际运销和国际进出口量。在模型构建的过程中，给予以下说明：

（1）在生产方面，考虑了作物的复种指数及多作物种植系统，CAPA 模型包括 14 个种植业产品，考虑了主要粮食作物（水稻、小麦、玉米、大豆）、油料作物（花生、油菜籽）、蔬菜、水果（苹果、柑橘、梨）、棉花、烟草和茶叶等农产品的主副产品的产量、价格和产值。

（2）省际间的调进调出作为内生变量，中国农业政策决策支持系统可以通过模型估计出各省主要农产品的调进、调出量，以及主要农产品省际间的流向和流量。

（3）进出口量作为外生变量，可以模拟中国农产品贸易开放后大量农产品进入中国市场，或者中国农产品出口对国内农业生产结构以及农产品价格的影响。

（4）非线性劳动力成本，考虑各省实际的劳动力价格（每日工价），目前是按《农产品成本收益资料》中地区工价计算。

（5）在投入要素中主要包括种子、化肥、有机肥、农用薄膜、农药、灌溉、人工和机械作业费用，成本中其余的部分并入其他物质费用。该模型还考虑了物价变化、农业生产资料价格变化对农业生产成本的影响。

为了具体考察不同条件下大豆进口对国内农业生产的影响，在变量设置中，我们将省际间的大豆运销作为内生变量，而将大豆进口量作为外生变量，从而可以针对不同情境下的大豆进口对国内农业生产和农民收入的影响做出比较。

模型目标方程的具体形式为：

$$Obj = \sum_{r,o}[\alpha \cdot XDC + 0.5\beta(XDC)^2] - \sum_{r}(INCRPR \cdot INCRQU)X - \sum_{r} clab \cdot lab^2 - \sum_{r,a} 0.5X' \cdot diag(nlcoc) \cdot X \quad (1-1)$$

其中，XDC 表示总需求（Total Demand），INCRPR 表示生产过程中的投入品价格（Input Price of Crop Production），INCRQU 表示投入品数量（Input Quantity of Crop Production），X 表示生产水平（Activity Level），lab 表示劳动量（Labor Use），clab 表示劳动系数（Coefficient of Labor Function），nlcoc 表示非线性风险系数（Non－linear Coefficient for Risk）。模型同时设置了各种作物间的耕地、水与劳动力约束：

耕地面积约束：$\sum X \times RES \leqslant \sum LAND$

灌溉水资源约束：$\sum X \times IRRI \leqslant \sum WATER$

劳动力约束：$\sum X \times DAY \leqslant \sum LABORDAY$

式中，RES 表示分配给不同作物的播种面积，LAND 表示能够提供的总播种面积，IRRI 表示不同作物的灌溉水需要量，WATER 表示能够提供的灌溉水总量，DAY 表示不同作物的人工需要量，LABORDAY 表示能够提供的劳动力总量（工日）。

1.3.1.2　Tobit 模型

Tobit 模型是一种限制因变量（Limited Dependent Variable）模型，其适用于当因变量为正值时大致连续，但总体中有不可忽略的部分取值为零（伍德里奇，2003）。Tobit 模型可以定义为一个潜变量模型：

$$\begin{cases} y^{*} = \beta_0 + x_i\beta_i + \mu, \ \mu \mid x \sim Normal(0, \ \sigma^2) \\ y = \max(0, \ y^{*}) \end{cases} \tag{1-2}$$

潜变量 y^* 为服从具有线性条件均值的正态同方差分布的经典线性模型，当 $y^* \geqslant 0$ 时，所观察到的因变量 y 等于 y^*，当 $y^* < 0$ 时，则 $y = 0$，由于 y^* 正态分布，所以 y 在严格正值上连续分布，即对于正值，给定 x 下 y 的密度与给定 x 下 y^* 的密度相同，μ/σ 格服从标准正态分布且独立于 x，故有：

$$P(y=0 \mid x) = P(y^* < 0 \mid x) = P(\mu < x_i\beta_i) = P(\mu/\sigma < -x_i\beta_i/\sigma) = \Phi(-x_i\beta_i/\sigma) = 1 - \Phi(x_i\beta_i/\sigma) \tag{1-3}$$

式（1-3）中，P 表示概率密度分布函数，Φ 表示标准正态分布函数。假设（x_i，y_i）是总体中的一次随机抽样，那么在给定 x_i 下 y_i 的密度为：

$$P(y_i = 0 \mid x_i) = 1 - \Phi(x_i\beta_i/\sigma) \tag{1-4}$$

由此得到每个观察样本的对数似然函数：

$$l_i(\beta, \ \sigma) = l(y_i = 0)\log[1 - \Phi(x_i\beta_i/\sigma)] + l(y_i > 0)\log\{(1/\sigma)\Phi[(y_i - x_i\beta_i)\sigma]\} \tag{1-5}$$

通过将式（1-5）对 i 求和即可得到容量为 n 的一个随机样本的对数似然函数，通过最大化对数似然函数就可得到 β 和 σ 的最大似然估计值。

1.3.2 数据来源

本书所利用的数据来源如下：

微观数据：本书的微观数据来源于农业部农村固定观察点的农户调查数据，该数据覆盖全国的微观农户，自 1986 年由中共中央农村政策研究室牵头建立以来逐年跟踪调查，样本一旦确定后不能轮换，保证了样本的动态延续性，样本覆盖全国除港澳台外的 31 个省份，样本总量达 23000 户。

宏观数据：本书涉及的宏观数据主要来源于以下几个部分：

（1）中国种植业信息网，http：//www. zzys. moa. gov. cn/；

（2）国家统计局，《中国统计年鉴》《中国农村统计年鉴》《中国农业年鉴》《全国农产品成本收益资料汇编》（历年）；

（3）各省（市、自治区）的统计年鉴；

（4）中国食用油网，http：//www. oilcn. com/；

（5）美国农业部，http：//www. usda. gov/wps/portal/usda/usdahome；

（6）联合国粮农组织，http：//www. fao. org/index_ en. htm。

1.3.3 技术路线

根据研究思路和研究内容，本书拟采用技术路线，如图1－2所示：

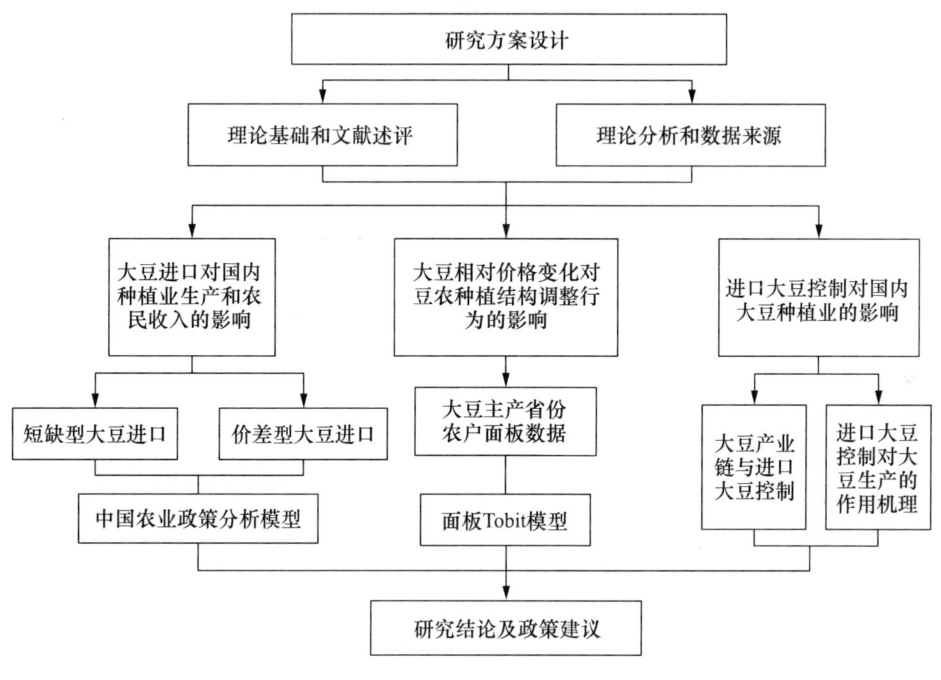

图1－2 技术路线

1.4 研究意义

1.4.1 现实意义

（1）在当前中国大豆空前大规模进口的背景下，对大豆进口给国内种植结构、国家粮食安全和农民收入带来的影响进行不同情境下的定量分析，为多维度定量评价大豆进口对国内农业生产和种植业收入的影响提供了现实可行的分析视角和评价工具。

（2）利用大豆主产省份大豆种植户的农户调查数据，就大豆相对价格变化对国内不同区域大豆种植户的种植结构调整行为的影响进行实证分析，也为促进国内种植结构转型、促进农民增收提供决策参考。

（3）从产业链的视角就进口大豆控制给国内大豆生产带来的影响进行分析，从而能够更加全面地评价大豆进口对国内大豆种植业的影响。

1.4.2 学术价值

本书以大豆进口对国内种植业的影响作为一个现实案例，提供一种农产品进口对国内种植业的影响的分析框架和研究方法，从而为未来我国进一步开放其他农产品的（玉米、棉花）进口市场提供研究方法上的借鉴。

1.5 可能的创新与不足

本书可能的创新有以下两点：

一是研究方法的创新。利用农业局部均衡模型就大豆进口对国内种植业的影响进行定量的情景分析。

二是研究视角的创新。本书基于大豆进口对国内大豆生产的作用类型设计不同的情景方案，分别就短缺型大豆进口和价差型大豆进口对国内种植业的影响进行比较分析，从而能够为分析其他农产品进口对国内种植业的影响提供一种研究框架。

由于笔者研究能力和精力所限，本书存在明显不足之处，主要体现在以下几个方面：

第一，本书在研究大豆进口对国内种植结构的影响时，假设各地区的农户是理性的经济人，以生产者剩余最大化作为生产目标，但在现实生活中由于农业生产者的有限理性，可能并不一定会完全如此。因此，模型对于大豆进口对国内种植结构影响的模拟结果与生产实际可能存在一定的偏差，但是能够基本反映大豆进口对国内生产的作用方向和影响程度。

第二，由于本书所利用的局部均衡模型基础数据库中包括全国 31 个省（市、自治区）的各种主要农作物的供给与消费数据，涉及的数据量和运算量十分浩大，本书只是以 2008 年的供需状况对不同类型的大豆进口给种植业造成的影响

进行了模拟分析，虽然能够说明大豆进口对国内种植业的作用机制和影响程度，但由于国内对大豆需求每年都在变化，因此以不同年份的供需状况作为基准对分析的结果可能会有所差异，这也是本书需要进一步完善的方向。

第 2 章　理论基础与文献回顾

2.1　概念界定

为了避免本书中所涉及的关键概念与其他研究有不同的含义和外延无法区分而造成误解，同时严格限定本书的适用对象和适用范围，以下将对本书中重要的概念给予厘清界定。

2.1.1　种植业与种植业收入

在我国，种植业通常与林业、畜牧业、副业和渔业合在一起，称为广义的农业，而狭义的农业是指农作物栽培业。本书中所涉及的种植业主要是指狭义上的农业。与之相关的种植业收入为农户出售农作物所获取的收入。

2.1.2　农户与农民

本书中农户是指在农业生产区域范围内直接从事专业或兼业种植业生产的常住户，不包括在农村居住但并不从事种植业生产的农村住户，也不包括举家外出务工但土地已经流转出去的农村住户。书中所涉农民是指在农业生产区域范围内直接从事专业或兼业种植业的生产者，同样不包括在农村居住但并不从事种植业的人，也不包括常年在外务工者。

2.1.3　粮食安全

FAO（2003）对粮食安全的定义主要是将粮食安全视作食物，它对粮食安全的定义是指任何人在任何时候，都对充足、安全和具有营养价值的食品具有实物、社会和经济上的获取机会，以此满足他们活跃和健康生活的食用需要和偏好的一种状态。国家层面的粮食安全问题则主要是指一国粮食消费对外界的依存度（自给率）以及进口粮食的稳定性问题（傅龙波等，2001）。我国在进行统计的过程中通常将水稻、小麦、玉米、大豆和薯类归为广义的粮食大类中。黄季焜等（2012）指出，我国广义粮食安全已得到保障，但狭义粮食安全自给率已经跌破95%的国家既定目标，饲料粮需求和食用植物油需求的刚性是粮食下降的主要原因，在新的历史条件下，我国继续实施95%的粮食自给率会大幅提高经济环境成本，为此提出要将“粮食安全”向“食物安全”转变、“粮食安全”向“口粮安全”转变。于晓华、钟甫宁（2012）认为，政府必须区分食物安全（Food Security）、口粮安全（Grain Security）和饲料安全（Feed Security），并表示中国当前和未来的粮食安全实际上主要表现为饲料安全。根据以上机构和学者对粮食安全的定义，结合本书的研究目标，本书中涉及的粮食安全概念主要是指三大谷物大米、小麦和玉米的自给水平。

2.1.4　短缺型进口与价差型进口

根据不同的进口目的和进口对国内农业生产的作用效果，第一种进口类型为短缺型进口，这种进口类型是在国产农产品无法满足国内需求的情况下，通过进口国外农产品来解决国内供给不足的问题，其主要作用是为了填补国内供给的空缺，在填补空缺的过程中一般不会对进口产品的国内生产造成严重冲击；第二种进口类型为价差型进口，主要表现为进口国的农产品供给短缺问题已经解决，但由于进口农产品的价格优势导致进口过量的农产品从而对进口国国内的农产品生产造成严重冲击。

2.1.5　大豆产业链

农业产业链是以农产品为核心，以农业生产、流通和消费为链接纽带，包括诸多中间环节，根据价值链的生成过程而形成的从上游到下游的网络链条。不同学者根据农产品产前、产中和产后的关联产业的差异而对农业产业链的具体界定稍有差异，但核心都是围绕产品的生产和消费过程形成的相关价值链。由此，我们界定大豆产业链为以大豆产品为核心，以生产、流通和消费为连接纽带，包括大豆的生产、流通、加工和零售等诸多中间环节，根据大豆价值链的生成过程而形成的从上游到下游的网络链条。由于大豆产业链的价值实现方式贯穿于整个供应链的各个环节，所以一旦产业链中的全部环节或者某个环节被企业垄断控制，则整个产业链都可能会受到影响。

2.2 相关理论基础

2.2.1 绝对优势与比较优势理论

盛行于十六七世纪的重商主义主张通过国家干预来实现对外扩张的利益需求，这种特许与垄断制度暴露出低效和浪费等弊端，阻碍了新兴资产阶级发财致富的欲求，在对外贸易中重商主义实行以邻为壑的贸易保护政策，结果容易遭到贸易报复，而两败俱伤。针对重商主义的弊端，亚当·斯密1776年在《国富论》中提出分工能够极大地提高劳动生产率的原则，论证得出以绝对优势为基础的自由贸易对贸易国双方都能受益。斯密认为，两国间的贸易源于成本差异的绝对优势说，一国应专门生产具有自然优势或获得性优势的产品用来与别国交换在其自然条件和工艺技术中具备优势的产品。在此基础上，李嘉图在其《政治经济学与赋税原理》一书中进一步提出决定贸易条件的并不是绝对优势，而是相对的比较优势。鉴于时间、人力、技术和资源的有限性，比较优势在任何国家都存在，拥有绝对优势的国家应该生产具有最大优势的产品，没有绝对优势的国家应该生产具有比较优势的产品以从国家间贸易中获益。根据李嘉图的比较优势理论，区域分工与区域专业化将会是生产必然的结果。在耕地与水资源约束日趋严峻的国家，用优质耕地去生产不具有比较优势的农产品势必会导致资源配置的无效率，而通过调整种植结构，扩大具有比较优势农作物的种植，减少土地密集型农作物的生产是资源约束条件下的必然选择。

2.2.2 相互需求理论

李嘉图在提出比较优势理论时只是假定贸易国双方根据消耗一定劳动时间生产的物品进行交换两国都将从中得利，但未说明贸易品的国际价值比率由什么因素通过什么机制形成。为此，其弟子约翰·穆勒在《略论政治经济学的某些有待解决的问题》一书中创立了“相互需求”理论（The Theory of Reciprocal Demand）。穆勒认为，商品的国际价值取决于国际间的物物交换比率，而物物交换比率又取决于两国对对方商品需求的强烈程度。由此可见，比较优势只是一个相对的概念，它会随着彼此需求状况的变化而发生变化。中国大豆进口也遵循了这

一理论逻辑，在 20 世纪 90 年代以前，中国大豆进口数量很少，国内耕地约束并不突出。然而随着国内经济的发展、人们消费需求结构的变化以及中国加入 WTO 的需要，中国对大豆实施低关税，大豆进口数量激增，大豆对外依存度也逐年攀升。在这一期间，美国、巴西与阿根廷等国则伺机扩大大豆种植面积以此满足中国进口的需要，可以说正是由于日益增强的中国油料需求催生了南美大豆种植业的快速发展，并形成了现有的大豆贸易格局。

2.2.3　资源禀赋理论

瑞典经济史学者赫克歇尔（Elif Heckscher）1919 年在《对外贸易对收入分配的影响》一文中用生产资源（劳动、土地和资本）的相对稀缺性来解释李嘉图所假定的贸易国比较成本存在差异的原因，说明了国际贸易产生的原因和贸易形式。之后，俄林（Bertil B. Ohlin）受此文启发补充了有关区位理论的相关内容，并在法国经济学家瓦拉尔一般均衡模型分析框架基础上建立了两个地区或国家之间开展贸易的理论模型，称为赫—俄模型（H－O Model）。根据这一理论，各国的自然资源、资本存量和人口数量的差异决定了国际贸易结构及其生产分工。

2.2.4　诱致性创新理论

诱致性创新理论包括诱致性技术创新理论和诱致性制度创新理论。诱致性技术创新由希克斯（John R. Hicks）在 1932 年提出，依据新古典经济学生产者成本最小化来解释诱致性技术创新，主要思想为资源禀赋的变化会诱发技术变迁。希克斯的理论假设指出当一种要素的禀赋相对于另一种要素更为丰富时，由于要素的边际价格反映边际替代率，以及追求利润的企业家偏好使用相对丰富的资源替代相对稀缺的资源，相对要素价格就会诱导出使用更多廉价资源的技术变迁。新古典经济学框架内的诱致性创新理论假设有一个竞争性市场，厂商使用的要素价格反映要素的相对稀缺性。

诱致性技术创新理论无法解释前现代经济中生存型小生产者落后的生产技术，初始研究普遍认为是由于其无知和传统因素的制约而无法找到并采用优良的品种和栽培技术，但后来诸多学者的研究发现证实了小农资源配置的合理性（Schults，1964；Barnum & Squire，1979；Rosenzweig，1984；Tiffen & Mortimore，1994）。为此，速水佑次郎提出要将技术创新理论和制度创新理论结合在一起，因为一项技术创新需要资本积累，对于资本需要建立产权，而产权的界定和保护需要社会集体行动，有效地组织人们进行集体行动就需要有适宜的制度。制度性创新之所以并不总是有效的主要在于政治市场的逻辑、历史路径依赖等原因导致诱致性创新机制无法有效地发挥作用，他进一步提出有效的政策导向应该是通过利用植根于传统的规范和习俗，创造出能够更好地开发新的经济机会的经济制度。

2.2.5 结构调整理论

结构调整理论是以资源禀赋理论和比较优势理论为基础的，它是指当外部条件变化后对原有产业之间和产业内部各部门之间的生产结构关系进行调整的理论。在农业结构调整范畴内，根据固定资产理论，农户受限于所拥有的固定资产的刚性使得无法及时调整农业生产，由此产生的成本称为调整成本，Griliches 进一步将其分为心理成本和货币成本，前者表现为由传统、文化以及需要学习新知识等因素所产生，后者直接反映在收入上的货币成本，农户在进行种植结构调整的过程中，要同时考虑上述两种成本，只有当进行结构调整后的收益大于调整成本时，结构调整方可进行。对于农业产业而言，其生产要素中的土地对于自然条件的要求有别于工业生产，而劳动和资本对于农业和工业生产均可共同使用，因此国家间在农业产业部门比较优势的差异主要体现在自然资源禀赋的相对多寡上。由于在考察贸易国比较优势时，决定资源禀赋价格的并非该禀赋量的绝对数量，而是相对于其他资源禀赋的相对量。这说明了以下两个问题：一是比较优势的动态变化性，即比较优势是随着资源禀赋相对价格的变化而变化，而资源禀赋的变化又与一个国家或地区的社会经济发展状况息息相关；二是产业结构调整的滞后性，由于比较优势衡量的是两个国家或地区间的资源禀赋变化状况，当其中一国或一个地区的资源禀赋短期内发生重大变化时，另一个国家或地区的产业结构和资源禀赋往往无法得到及时调整而使该产业的劳动收入大幅下降。这种由产业间或地区间生产要素重新配置的滞后效应引起的社会经济摩擦被称为产业调整问题（Industrial Adjustment Problem）。

2.2.6 农业保护理论

由于生产技术和要素禀赋条件存在的差异导致经济体之间的比较优势存在差异，若经济体之间能够开展贸易，则贸易方可以增加具有比较优势的产品的生产，减少不具比较优势产品的生产，从而通过国际产业专业分工来提高贸易双方的经济福利，这种产业专业化的分工程度主要取决于贸易双方产业部门的生产函数（速水佑次郎、神门善久，2003）。由于贸易国之间比较优势的动态性，贸易结构也处于动态变化过程之中，因此贸易国的产业结构需要随之调整，在农业产业结构调整的过程中生产要素尤其是农业劳动力的转移往往需要很长的调整时期，造成劳动者收入受到很大影响，如果比较优势下降的产业集中在一个地区，由此带来的冲击将不再仅仅局限于个别产业，还可能导致整个地区的经济衰退，最终引起社会和政治动荡（速水佑次郎、神门善久，2003）。在农业的比较优势低下的国家，为了防止农业问题持续恶化造成社会问题，往往会采取贸易限制措施来保护本国农业，由此引发出农业保护的经济学。由于贸易保护往往会涉及出口国的切身利益，因此在 WTO 历次谈判中，关于农产品的开放与保护一般也是谈判过程中最为艰难的部分。

2.3 文献回顾

2.3.1 农产品进口与粮食安全

由于我国人口众多、耕地相对稀缺，关于中国粮食安全的争论和研究一直没有中断过。比较早的争论主要是关于中国食物供给“够不够”的问题。Carter 和 Zhong（1991）、Garnaut 和 Ma（1992）认为，中国将成为世界上最大的食物进口国。Brown（1995，2004）对中国食物供需矛盾提出了警告。他认为，中国食物的进口将显著地影响到国际食物价格。Rosegrant 等（1995）、Song（1997）认为，在 21 世纪，中国能够通过生产满足自身的需求。Rozelle 和 Rosegrant（1997）指出，中国可以通过发挥自身比较优势和与世界其他国家建立稳定的贸易关系以更多地依赖于国际市场来达到供给目标。

随着时间的推进，中国粮食安全的讨论从“够不够”转移到“怎样才能够”的问题，在加强自身能力建设的同时利用国际市场来满足日益增长的农产品需求成为学界的共识。蔡昉（1997）从比较优势和国际贸易的角度指出过分强调粮食自给自足会影响农业资源的配置效率。蔡昉（2008）进一步指出在经济发展到达刘易斯拐点之后，农业劳动力不断向其他产业转移，劳动力不再是边际生产率为负的无限供给，要保证农产品的稳定供给应建立有效的激励机制来持续提高农业生产的效率。卢锋（1999）认为，我国长期以来在粮食问题上过分地强调自给自足的"泛政治化"认识误区。他主张，我国应在保持基本的粮食生产能力的前提下实行较为自由化的农产品和粮食贸易体制。朱晶（2000）从粮食贸易、波动和可获性三个方面探讨了在粮食长期供求关系平衡的条件下，如何通过市场和贸易来抹平粮食供应的波动并增强弱势人群粮食的可获性。傅龙波等（2001）考察了不同粮食产品的进口依赖性对我国粮食安全的影响，研究结果表明适当利用国际市场有助于从平衡年度间供应等方面加强我国的粮食安全，如果能在进口来源国方面进一步多样化，其粮食安全程度还可以提高。黄季焜（2004）的研究结果表明，到2020年中国的粮食自给率还将保持在90%左右，中国的口粮基本能够自给，需要进口的可能是玉米，其进口量是国内需求的1/3左右，但玉米等饲料粮的进口增加不会威胁中国的粮食安全和社会稳定。黄季焜等（2012）研究认为，我国广义粮食安全已得到保障，但狭义粮食安全自给率已经跌破95%的国家既定目标，饲料粮需求和食用植物油需求的刚性是粮食下降的主要原因，在新的历史条件下，我国继续实施95%的粮食自给率会大幅地提高经济环境成本，为此提出要将"粮食安全"向"食物安全转变"、"粮食安全"向"口粮安全"转变、"进口畜禽产品"向"进口饲料粮"转变的思路。随着需求的增长，这种保证粮食自给的政策经济成本与环境成本越来越大，通过贸易来获取饲料粮可以保证粮食供给的稳定性。

2.3.2 食物消费需求研究

收入与食品消费结构。恩格尔定律指出人均食物支出比例随着收入的增加而降低。但对于不同收入群体，食物消费结构会呈现出很大差异。Sanderine 和 Thomas（2011）根据食物需求类型将国家类型分为发展中国家、转型期国家和发达国家，在发展中国家主要是人口增长导致对食物消费需求的增加，转型期国家由于收入提高而导致对畜禽产品需求的激增，主要体现在饲料粮消费需求激增，发达国家为了要达到清洁能源的目标则需要更多的生物能源。根据发达国家的历史经验，按照来源分类，人均畜禽产品的消费将最终占到食物热量来源的35%。中国过去20年食物消费类型发生了明显的变化，主要体现在膳食脂肪类食物消费增加（Fan et al.，1997；Guo et al.，2000；Gould，2002），谷物消费减少（Guo et al.，2000）。Fan 等（1994）利用中国农村入户调查数据，通过动态 AIDS 模型对中国农村居民食物消费类型的变化进行了研究，研究发现主要的食物支出弹性都为正，但大米和谷物的支出弹性值却在下降，而小麦、肉类和酒精的支出弹性在上升。Chern 等（1994）基于1985～1990年中国省际数据对城市居民预算支出份额进行估计，结果显示随着收入的增长，额外收入增加的42%将用来购买食物，猪肉、家禽和鱼类的消费支出将会增加；相反，谷物、食用油和牛肉的支出会减少，谷物和食用油的定量配给对非配给食物具有显著的影响。Huang和Rozelle（1997）对中国农村地区的市场化程度对食物需求的作用进行了研究，结果发现市场发育程度对食物消费结构具有明显影响，如果市场发育程度随着收入的增长而增长，那么仅仅用收入弹性来估计消费支出就会出现有偏的后果。Wan（2005）对中国农村食物消费的收敛性进行了研究，发现谷物消费、食用油、水产品和食糖具有收敛性，动物脂肪和红肉消费存在消费发散的特性，收入差距的扩大和市场化的不完善是消费收敛的主要障碍。Zhuang等（2007）分别对中国食物消费、饲料消费需求进行了估计。Shu等（2008）对中国油料价格政策对膳食结构的影响做了定量的研究，结果发现价格政策对膳食结构有影响，这一影响对于穷人群体尤其明显。Yu和Abler（2009）研究认为，中国人的饮食结构正在从低能量的谷物和蔬菜消费向高能量的肉类和乳制品转变。

城市化对食物消费结构的影响。Huang等（2001）利用中国台湾地区30年的数据研究表明，在经济转型期城市化和职业的转变对食物需求具有显著影响，如果忽略了这种结构的转变来分析食物消费的变化则会过分地夸大收入对食物消费的估计。Mendez Du和Popkin（2003）指出由于收入的增加和城市化的推进，中国人的饮食和营养消费结构正在发生剧变。Yen等（2004）利用中国城市居民调查数据建立了一个超越对数需求模型来对中国食物需求进行研究，结果发现随着经济的发展和收入的提高，居民牛奶和大部分肉类的消费支出弹性高于其他食物，地区间的差异表明人口统计特征差异对未来中国食物需求具有重要影响。钟甫宁和向晶（2012）从热量消费的视角研究发现，城市化对粮食需求的影响具有一正一负的双向影响，其中城市居民动物产品需求比重的提高会增加粮食需求，而城市人口劳动强度的降低又会减少粮食需求，但最终城市化会提高我国粮食需求量。于晓华和钟甫宁（2012）指出，中国进口大豆主要是用作动物饲料，随着饮食结构的进一步升级，未来会面对更大的饲料安全挑战。

关于油料消费的研究。中国的华南地区主要消费花生油，华中和西部地区主要消费菜籽油，华东地区和华北地区主要消费大豆油（Agri - Canada，2002），Guo等（2000）研究指出，油脂消费的增加与家庭收入增加呈正相关关系。Fang和Beghin（2002）通过三个地区大豆油、菜籽油、花生油和动物脂肪消费的比较研究发现，大宗食用油缺少价格弹性，小宗食用植物油更具价格弹性。所有食用油的收入弹性都为正，但是小于1，随着收入的增加，动物脂肪消费在所有油脂消费中的比例是下降的。

以上文献表明收入的提高以及城市化的推进促使人们的食物消费类型发生变化，逐渐从以谷物型食物转向畜禽产品的消费，引起国内对饲料粮和食用油菜籽消费需求的大量增加。

2.3.3 种植目标和种植结构调整

传统农户效用理论假设农户将利润最大化作为农业经营的唯一目标（Amir & Fisher，1999，2000；Berbel & Gmez – Limn，2000；Bazzani & Viaggi，2005），但经济社会因素、政策干预等会对农户经营目标带来影响，农户决策目标可能呈动态变化（Hylenbroeck & Vanslembrouck，2001）。在市场经济条件下，农民依据各种作物的经济效益进行比较选择种植回报率较高的作物（何书金等，2005）。刘莹等（2010）认为，现实中农户的生产决策是基于多目标的，除了传统的利润最大化目标外，还有规避风险、减少劳动力投入等优化目标，以农业为主的农户更加偏重利润和风险目标，而以非农业为主的农户更加重视减少家庭劳动力目标。根据农户生产目标的不同，影响农户种植决策的因素有传统习惯（蒙秀锋，2005）、从众决策和生产环境的外部性（杨志武、钟甫宁，2010）、非农收入（陈瑜琦等，2008）以及务农机会成本（田玉军等，2009）等因素。由于经济社会因素、政策干预等会对农户经营目标带来影响，农户决策目标可能呈动态变化。

大豆进口对国内大豆生产者的主要影响在于其相对收益的下降，从而引发农户调整种植结构。钟甫宁和刘顺飞（2007）通过研究中国水稻生产布局得出区域间替代作物的相对收益变化是导致水稻生产布局调整的主要原因。从改革开放以来我国农业结构调整的趋势和动因来看，我国农业经历了由生产严重不足到计划经济再逐步到市场经济过渡。在此期间，农产品由卖方市场向买方市场转变，加入 WTO 后，国外农产品大量进入国内，由此引发了新一轮的结构调整。徐志刚（2000）研究认为，我国人多地少的现实导致生产耕地密集型的农产品不具有比较优势，因此应充分发挥我国在劳动力上的优势，多去生产劳动密集型的经济作物和水、畜产品，最终通过国际贸易出口劳动密集型的农产品、进口土地密集型的农产品赚取比较收益。叶兴庆（1999）将种植业结构变化速度较快的时期界定为结构调整期，据此把改革开放以来到 20 世纪初的农业发展分为四个结构调整期，每个时期农业结构调整的诱因都是为了适应当时的社会经济形势而进行的政策性调整。张红宇（2000）做了与之相类似的阶段划分并总结了农业结构调整的成效。影响相对收益的因素包括国内制度、贸易政策、气候变化以及资源禀赋变化导致的比较优势变化等。黄祖辉等（2005）研究认为，风险在农业生产者进行农业结构调整的决策中尤为重要。农业生产与工业生产最大的区别就体现在自然气候条件对生产结果的重要性方面，由于自然条件因素所形成的固定的种植习惯与资产配置结构在面临大豆进口冲击造成农业收入降低时可能面临较大的调整成本。农户受限于所拥有的固定资产的刚性使其无法及时地调整农业生产，面临作物结构调整时也存在因人而异的心理成本和货币成本（王德文、黄季焜，2001）。

2.3.4 贸易自由化对农民与农业的影响

Fang 和 Beghin（2002）对由于采取进口限制措施（如进口配额）对消费者福利的影响进行了估计。结果表明，中国城市消费者在 1998 年因油料进口限制而遭受的福利损失为 6.8 亿美元。Chen 和 Ravallion（2004）基于中国农户调查数据研究发现，加入 WTO 对中国的收入差距带来了不可忽略的影响，虽然它带来了贫困总量的微小降低，但是不同地区和不同家庭的情况却有所不同，偏重农业生产的家庭一般受到了损失，特别是对于东北地区高度依赖于粮食生产的农户以及那些与东部地区和新兴非农产业联系薄弱的内陆地区的农户而言更是如此。黄季焜等（2005）利用 CAPSiM 模型就贸易自由化对中国农业以及不同地区农业生产的影响进行了研究，结果表明贸易自由化对中国农业整体上的影响利大于弊，但中国西部、北部地区的贫困农民在农业生产中将遭受损失。因此，他们建议通过结构调整、增加非农就业、提高教育水平和加强非农培训来应对分配不公的问题。卢峰（2006）通过加入 WTO 后 5 年来国内棉花生产的发展研究，得出棉花的大幅进口并未对国内棉花生产带来显著负面影响。仇焕广等（2007）对中国—东盟自由贸易区 CAFTA 对我国农产品贸易和区域农业发展的影响进行研究后认为，CAFTA 能够促进中国对东盟贸易增长并提高资源配置效率，同时能够增加双方的经济福利。李石新等（2005）研究认为，贸易自由化对减少农村贫困效应具有不确定性，在 20 世纪 90 年代中期前贸易自由化会恶化农村贫困状况，而 90 年代中期后贸易自由化则有助于减少农村贫困。刘宇等（2009）通过对新一轮多哈贸易自由化对中国农业的影响进行测算后得出，贸易自由化对中国经济的正影响幅度很小，但农业部分会享受更大的贸易优势，尤其是对粮食和果蔬产品，贸易自由化对农民增收作用不大，但会拉大农民间的收入差距。朱晶和洪伟（2007）、洪伟（2009）分析了贸易开放后国外工农产品价格对国内的传导，研究结果表明贸易的全面开放会使农产品的相对价格上升而工业品的相对价格下降，所以贸易开放会从绝对收入层面降低农户的农业收入，但工业品价格的相对下降会提高农民的福利水平。朱晶和张姝（2010）对中国加入 WTO 前后土地密集型农产品调整成本和调整压力进行了研究，结果表明贸易自由化会使国内土地密集型农作物面临更大的收缩性调整压力。李磊等（2011）的研究指出，贸易开放会造成国内收入分配的不公平，部分地区的居民被排除在开放带来的利益之外。倪洪兴（2012）研究认为，大豆进口对国内生产造成了过度挤压，生产效益受到严重影响，因此应该在尽可能发挥比较优势的同时，切实加大对大豆产业的国内支持和产业补偿，进而建立与粮食价格或粮食最低保护价挂钩的大豆生产补贴政策。

2.3.5 中国的油料生产和贸易

东北大豆产业发展能力和国际竞争力研究课题组（2003）研究指出，中国大豆产业由于长期国家强调以粮为纲，对大豆种植重视不够，导致国内大豆生产停滞不前。程国强（2005，2006）指出，外资垄断性并购是导致中国大豆产业危机的主要因素。王汉中（2004）指出，我国油料作物产量停滞不前，食用油供给形势严峻，因此国家应采取扶持政策促进油料发展，以此提高我国食用油供给自给率。黄季焜（2004）认为，中国土地密集型农产品的自给程度将出现下降，到2020 年油料和糖料的自给率将从当时的 85% ~95% 下降到 2020 年的 60% ~75%。黄诗铿等（2003）认为，油料生产不单是油料自身发展的问题，而是与我国粮食生产及其安全问题密不可分的，为此，需要统筹规划、协调发展。张光辉、崔瑞娟（2008）认为，我国大豆的自给率应该达到 70%，其中榨油用大豆自给率应达到 60%，但该研究并没有提出大豆自给率的依据。王济民（2000）、杨锦莲（2004）、沈琼和刘小和（2006）分别对大豆的生产、消费、加工和贸易、中国油料产业的竞争力和我国进口大豆与进口油菜籽之间以及进口大豆油、进口菜籽油与进口棕榈油之间的替代弹性进行了研究。徐锐钊（2009）从比较优势的角度对我国油料作物种植业的区域布局与区域分工进行了研究。肖嵘（2010）认为，通过对我国花生产业的国际竞争力进行研究发现，中国花生产品资源禀赋的比较优势与在国际贸易中表现出的优势不符合。徐雪高等（2012）对中国油料作物及食用植物油供需现状与未来发展趋势进行了研究。章胜勇和李崇光（2005）从中国大豆的比较优势出发，对中美两国在大豆生产成本构成和效益上存在的差异进行了研究，结果表明中国大豆同美国大豆相比已经不具有比较优势。赵丽佳（2009）从植物油产品进口的视角对我国植物油产品进口需求的影响因素、植物油产品内外市场整合和进口对产业的社会福利影响等方面进行了研究。王晓辉（2011）从国内植物油加工业的角度对大宗油脂产品的供需状况和国内主要大型油脂加工企业的发展与布局进行了研究。周振亚（2012）运用系统动力学模型对我国植物油产业发展进行了模拟和预测，并对我国植物油产业利益主体的影响进行了定性分析。Wei 等（2012）从油料进口国和进口油料产品形式的视角对进口大豆和大豆油的需求进行了估计，研究结果发现国别间和产品间均存在竞争性，估计结果表明中国大豆粕的价格显著影响到大豆和大豆油的进口。从现有文献来看，专门针对于油料的研究多是对油料本身的生产、加工、贸易进行的较为宏观的研究，当前国家大豆进口规模空前，但尚没有文献就大豆进口对处于弱势地位的大豆生产者造成的影响进行系统的实证评估。

2.3.6 农产品供需的模拟预测

关于农产品供求预测估计，目前已经有比较成熟的建模方法，主要有一般均衡模型和局部均衡模型。国内外不少学者和研究机构曾采用 IMPACT 模型（Rosegrant et al.，1995）、CPPA 模型（USDA，1997）、WFM 模型（FAO，1995）、OECF 模型（OECF，1995）、GTAP 模型（Anderson et al.，1996）、GORLS（Kersten，1998）和“中国粮食模型”（黄季焜等，1998）等大规模经济模型对中国未来粮食供求变化趋势进行预测分析，但预测结果存在很大差异。Nicholas Alexandratos（1995）以世界进口需求为因变量，以价格、人口、进口国 GDP 为自变量用局部均衡对世界小麦的进口量进行了模拟，并模拟了价格的形成；樊胜根和莫塞迪塔·索姆比拉（1997）、朱晓峰（1997）、马晓河（1997）等通过局部均衡模型对我国粮食的供求均衡及价格进行了模拟和预测；黄季焜、李宁辉等（2003）通过一般均衡模型对政策引起的供需以及价格变动进行分析，Anderson 等（2002）、黄季焜（2002）、Huang 等（2002）、蒋庭松（2004）、胡冰川（2007）、曹历娟（2009）等利用一般均衡模型对经济全球化、贸易自由化、生物质能源等对中国农产品供需和贸易的影响进行了针对性的研究。

2.3.7 市场开放及农业保护

长期以来，关于自由贸易与产业保护的争论一直存在，这种争论的背后是与国际贸易有关的两种截然不同的观点，前者以继承亚当·斯密传统的自由贸易学说的英国古典学派为代表，后者称为保护幼稚产业的贸易保护观点，自由贸易学派认为消除贸易限制一方面能够改进资源配置的静态效率，同时能够通过市场的规模效应促进劳动进一步分工，从而对经济增长做出贡献，实现国家福利的最大化；而以李斯特为代表的保护幼稚产业学派并不否认贸易参与国通过发挥各自的比较优势达到福利最大化，但他们认为这种逻辑只有在各自的产业生产成本结构具有固定不变的特征的短期静态条件下才可能实现，而在动态的发展过程中并不一定适用。很多学者认为，贸易自由化将会缩小发展中国家的收入差距（Krueger，1983；Bhagwat & Srinivasan，2002；Harrison，2005），但已有诸多经验研究却发现贸易自由化非但没有缩小贫富差距，恰恰相反却扩大了收入不平等（Savvides，1998；Harrison & Hanson，1999；William，2001；赵莹，2003；王少瑾，2007）。

速水佑次郎、神门善久（2003）认为，在缺少农业比较优势的国家，为防止农业问题的恶化，一般都会采取贸易限制等措施来保护本国农业。他们同时指出，农产品贸易保护会减少国内消费者的利益，同时整个社会的经济福利也会受损，但由于政策的制定往往与社会集团的政治势力有关，农业保护就成为政治家博取政治支持的工具。值得注意的是，国家农业政策一般会伴随着经济发展水平的提高以及产业结构的变化而不断调整。在由低收入国家向发达国家迈进的过程中，农业政策往往要经历由剥削农业到保护农业的转变过程。中国也不例外。林毅夫、余淼杰（2009）认为，由于新中国成立后采用重工业导向的发展战略。而自身又是资本短缺的农业国，因此只有通过压低农民出售的农产品价格同时提高卖给农民的工业产品的价格来取得农业剩余，以此投入到重工业的资本积累。即通过所谓的价格“剪刀差”来支持工业发展。随着国内经济的发展，中国融入全球化的程度日益加深，农产品市场不断开放。黄季焜等（2002）研究指出，中国农业已经向更适于国内具有优势生产资源条件的方向发展，加入WTO只是加快了这种进程，而并没有发生根本性、方向性的变化，中国的农民将会遭受更大的负面影响，因此国家应该更加关注农村贫困人口的利益。

一般而言农业保护手段主要分为关税和生产者补贴，二者的不同之处主要在于前者可以获得财政收入，而后者则需要财政支出。生产者补贴包括生产资料补贴、价格补贴和直接收入补贴，针对特定农产品的生产者补贴多见于后两者，但其作用机制和影响存在明显差异。

根据生产和消费，价格可分为生产者价格与消费者价格，不同时点上的价格波动对生产者与消费者的影响具有明显差别，对于生产者而言，其产品出售时间相对短暂和集中，而消费者所面临的价格则是全天候的，因此即使二者之间的波动是一致的，如果不是在生产者集中出售产品的时期出现价格波动则对农民并无大的影响，但对消费者则随时都可能会受到影响。因此，对于价格波动的福利效应分析可以从对生产者和消费者两个层面来展开。钟甫宁（2009）研究指出，世界粮食增长速度放缓的主要原因可能与各国高额补贴下导致供过于求使粮食价格长期保持在低水平有关，他认为，在食物供应全球化的背景下，继续使用价格政策来应对价格波动会付出越来越高的代价，因此应重视市场价格对生产者的刺激作用，采用收入补贴代替价格管束。食品价格上升固然能够直接增加生产者的收入，刺激生产者采取更大产出的行为，但对于消费者而言，食物价格上涨会导致人们实际收入下降（Mellor，1978）。由于不同消费群体的饮食结构与食物消费占比存在较大差异，因此价格上涨对不同收入层次的消费影响迥异。对于中高收入群体谷物价格上涨并不会对其造成很大影响，因此这部分群体对价格上涨的容忍度明显要高于低收入者，但对于低收入群体，可以采取收入补贴的形式来加以补偿（Chen，2011）。为了保证城市低收入群体的食物消费，价格限制、临时价格管控、价格补贴以及收入补贴都是可以选择的弹性措施（Barrett，2002；Zhong，2010）。

收入补贴与价格补贴的执行主体虽然都是政府，但政策对象、政策成本以及对市场的作用机制和影响都不相同。智利和玻利维亚分别在1974～1976年和1985～1986年成功运用价格措施抑制住了国内通胀，巴西与墨西哥则分别在1964～1965年和1988～1989年运用收入政策阻止了国内通胀（Powers，1995）。收入补贴针对的是特定低收入群体，其实施程度对市场价格没有扭曲，但可能存在行政成本过高的问题（Garcia & Pinstrup－Andersen，1987）。价格补贴则是针对所有的生产者或消费者，受益方将不止于需要补偿的低收入群体，对于中高收入的消费群体，由于其消费量更多，可能受价格补贴得到的收益更大，因此在消费端的价格补贴可能会导致收入差距扩大（Zhang & Feng，2010），生产端的价格补贴则可能在抬高消费端价格同时会增加加工商的原材料成本。价格补贴由于比较容易操作和管理并且会得到中高收入群体的支持而比较容易实施（Alderman，2002），价格补贴政策对稳定物价、抑制通胀和收入加剧具有直接作用，但同时会扭曲资源配置、误导消费并为农产品供需提供错误信号（Zhang，1990；Cai & Zhong，1993）。所以，最好由市场来决定价格，以提高政策效率，降低政策成本（Huang et al.，2013）。

2.3.8 农业产业安全

农业在国民经济中的基础地位决定了农业产业安全对于国家粮食安全和经济

安全的重要性。朱晓峰（**2002**）认为，农业安全是指采取有效的国家行动，避免内部因素和外部因素的变化危机农业基础，确保农业可持续发展。他指出，由于我国农业在世界体系中处于相当不利的竞争地位，农业面临依赖性发展和边缘化的风险。危及我国农业在国民经济中的基础产业地位，确保农业可持续发展。近年来随着大豆进口数量的增加，兴起了不少关于大豆产业危机的讨论。倪洪兴（2012）研究认为，在资源条件与生产规模制约和缺乏有效的调控与监管手段的共同作用下，大豆进口和外资进入对国内生产造成了过度挤压和打压，直接影响到国内大豆产业的健康和可持续发展。杨树果和何秀荣（2014）则认为，中国大豆产业总体上处于历史最好时期，大豆及制品的消费、贸易、加工等环节正处于前所未有的繁荣状态。黄宗智和高原（2014）认为，中国一方面通过粮食和大豆种植补贴以及价格调控和建立大豆、粮食等基地、不允许在中国种植转基因大豆等政策来保护国内大豆经济；另一方面则允许低额的关税来决定近年来的大豆进口。这样的政策抉择虽然未更充分扶持、维护豆农和豆制品产业，也未更充分投入大豆蛋白加工企业的发展，但因为它等于是为中国的高值新农业争得更多可资使用的土地、更多的发展空间其基本的经济战略应该可以说是现实的和合理的。关于大豆产业危机的根源。程国强（2005，2006，2012）认为，外资垄断性并购是导致中国大豆产业危机的主要因素，大豆行业集体“沦陷”的主要原因是由于国内企业缺少农产品国际市场风险管理机制。张利庠和张喜才（2011）研究指出，国际贸易对大豆等产业链市场化程度较高的农产品价格波动影响较大。少数跨国公司对市场的控制会对国际市场价格起到重要影响（Hamilton & Stiegert，2002；McCorriston & MacLaren，2005），吕勇斌（2011）通过研究外资并购对中国农业产业的影响发现外资并购对农业产业形成控制性地位并且恶化了中国的粮食安全问题。目前关于衡量农业产业安全的方法主要是基于构建评价指标体系，如张淑荣和魏秀芬（2011）通过构建棉花产业安全指标体系和评价模型对我国棉花产业安全状况进行评价。王璐和冯中朝（2013）对油菜籽的产业安全度进行了测算。赵丽佳和冯中朝（2008）从进口的视角通过计算进口依赖性和农业产业安全评价指标，分析了我国油料和植物油进口来源地的可靠性和产业安全状况。FAO（2013）对世界粮食不安全状况的分析主要是从粮食可供量、粮食获取的经济和物质手段、粮食的利用以及一段时间内的稳定性四个方面提出了一套指标。从目前关于农业产业安全的文献来看，较多的研究建立了相关的指标并对现有产业安全程度进行了测算从而得到农业产业是否安全的结论，很少有文献就农业产业安全对种植业的作用机理进行较为系统的分析。

2.3.9　农产品价格波动

价格波动是价格随着供需力量的变化而变化的反映。西方经济学中用蛛网模型来解释商品特别是农产品的供应量与价格之间的动态变化过程，可以说农产品价格波动是农产品季节性、地域性和受自然条件制约性等作用下的必然结果。杨根全通过2005～2009年的月度数据研究认为中国农产品价格具有明显的周期性和趋势性，但季节性不明显。李国祥（2011）研究指出，在农产品价格轮番上涨的过程中，每轮上涨往往以某种或者几种主要农产品价格领头上涨为先导，价格上涨具有轮番性，且它们的上涨会推动其他农产品价格的上涨，进而带动整体农产品价格的上升。同时，对农产品大类价格波动的研究能够说明在一定时期内农产品价格波动的整体规律，但不同农产品的供给和需求函数差异较大，在分析农产品价格波动时需要分清是农户端价格还是终端零售价格，导致波动的原因是来自需求方还是供给方（王秀清，2007）。农产品收购环节和零售环节的市场力量差异也会带来纵向市场间价格传递强度不同（李国祥，2011）。黄季焜和仇焕广（2007）研究认为，中国粮食库存时常发生波动，而库存降低会造成粮食价格的剧烈波动。秦富等（2008）对小麦产业链研究后认为，小麦制品的价格上涨主要是农业之外的中间环节因素引起的。苏应蓉（2011）认为，供求状况难以反映农产品的价格波动，近年来由于流动性过剩加上各种经济刺激方案的推出，使国际投机资本开始转向农产品初级市场，对于一些新兴市场可以规避通货膨胀的风险，因此农产品衍生金融市场资本投机性增强。税尚楠（2008）指出跨国公司、国际基金和投机农产品贸易会扩大新需求的影响并造成格剧烈波动。张利庠等（2011）认为，一些不可控的外部冲击对农产品的价格波动具有重要影响。

农产品价格可能存在过度联合波动。Pindyck 和 Rotemberg（1990）发现一些表面上看起来不相关商品（小麦、棉花、铜、金、原油、木材和可可等）的价格波动趋于一致，这可能是由一些宏观经济变量对普遍的商品价格起到了同样的作用，但他们控制住基础性的宏观经济变量（通胀指数、工业产值和利率等）后，残差依然保持高度相关性，基于以上的分析，他们认为商品间存在过度的联合波动，并将这种过度的波动归因于“羊群效应”，在这种“羊群效应”中投机者扮演了主要的角色，并在未来带来更大的波动。Ai 等（2006）在 Pindyck 和 Rotemberg 宏观经济模型基础上构建了一种囊括供给、需求和库存的局部均衡模型，在排除掉宏观经济变量和自身供需的影响因素后发现商品间基本不存在波动相关性，供给方面的因素对价格波动起了很大部分的作用。Lescaroux（2009）认为，短期内反映供需平衡最好的综合性指标是库存水平，因为一般的宏观经济变量的变化首先会表现在库存量的变化上，在此基础上利用滞后时间序列模型对石油和六种金属分离出库存水平对价格的影响后比较两两之间的残差项以后，发现商品间过度波动的状况变得相当松散。以上文献阐述了宏观经济变量和自身供需、库存变化对商品间价格过度波动造成的影响，如果仅有宏观经济变量，则商品间的残差项表现出高度的相关性，而在加入供需状况后残差相关性则表现得微乎其微。

以往的研究大多是以整体农产品价格或以若干个产品价格作为研究对象，系统地对单个农产品特别是对单一农产品价格剧烈波动的研究还不多见。

2.3.10 文献述评

由上述文献可知，出于保障国家粮食安全的考虑，国内需要维持一定的粮食自给率，但在资源、环境约束日益严重的条件下，随着人口数量的增长、经济发展水平的提高，受自身生产能力制约以及消费需求的扩大，国内农产品结构性供给与保证国内粮食高自给率存在无法调和的矛盾，中国农产品对国际市场的依赖日益增强。现有文献已经就中国食物消费结构的演变、需求及预测做了较多的研究，研究结果表明中国逐渐从以谷物型食物为主转向畜禽产品的消费，未来饲料粮需求还将大量增加。关于贸易自由化和农产品进口对国内种植业结构调整以及农民收入的研究，大多数文献主要是规范研究和较为宏观的分析，尚缺少专门针对于特定农产品特别是近年进口规模空前的大豆进口对农业生产与农户收入的影响的定量研究，关于大豆进口对国内种植业的影响，大多数文献只是对大豆的总进口量与耕地之间的直接换算，很少有文献按照大豆进口对国内的作用类型进行分类并以此定量研究不同类型大豆进口对国内种植业的影响。基于此，本书尝试通过一个基于农产品供需的局部均衡模型来就不同类型的大豆进口对国内种植业的影响进行定量分析，在宏观研究的基础上就大豆进口对微观农户的种植结构调整行为的影响进行实证分析，最后从产业链的视角研究大豆产业链控制对国内大豆生产的影响，由此得出一个较为系统的分析结果，因而对未来进一步开放农产品市场提供经验上的参考借鉴。

第3章　理论分析

3.1　大豆进口对大豆种植和生产者福利的影响分析

下面以大豆为例，从生产者的角度，运用局部均衡分析方法来分析大豆进口对国内大豆种植业和农民收入的影响。

假设初始均衡时，大豆的供给曲线 S_1 和需求曲线 D_1 相交于 A 点（见图 3－1），市场价格为 P_0，消费量为 Q_0，此时市场上所消费的大豆全部由国内生产。根据国内大豆需求和进口类型分为以下三种情形：

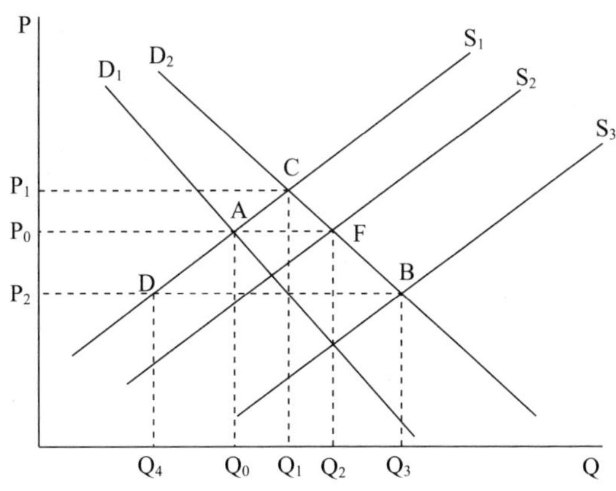

图 3－1　大豆进口与国内大豆价格

（1）大豆市场不开放。随着经济社会的发展，国内消费者对大豆的需求曲线右移至 D_2，如果不开放大豆进口市场，国内大豆需求仍然依靠国内生产来满足，市场在 C 点达到均衡，此时国内大豆产量增加 Q_1-Q_0，均衡价格上升为 P_2，消费量增加到 Q_1，此时生产者福利增加 P_0P_2CA，由需求增长带来的福利提高将由国内生产者分享。

（2）短缺型大豆进口。当耕地资源的制约、国家确保粮食安全的战略需要与消费者需求的矛盾日益突出后，仅仅依靠国内耕地和少量进口无法解决以上矛盾时开始放开大豆进口市场。初始时期大豆进口的作用是为了满足国内生产，但无法满足大豆生产的空缺，这一时期的大豆进口属于短缺型进口，在图 3－1 中，当国内需求由 D_1 达到 D_2 时，国内生产无法满足需求的增长，此时适当进口大豆，使进口数量达到恰好弥补国内大豆需求缺口的 Q_2-Q_0，在这种情况下中国大豆供给曲线右移至 S_2，市场在 F 点达到均衡，此时国内大豆价格和种植规模并不会发生明显变化，生产者福利也不会受到明显影响。

（3）价差型大豆进口。当国内大豆需求随着国内生产和进口逐步得到满足后，如果对大豆进口并不设置任何限制，持续的大豆进口会逐渐开始挤占国产大豆，国内种植结构和生产者福利也由于进口规模的差异而与之前呈现明显的区别。在图 3－1 中，当国内大豆市场达到饱和后依然任由国际大豆进入国内市场，使国内大豆供给曲线右移至 S_3，在 B 点达到新的市场均衡，国内大豆价格降到 P_2，此时国内大豆消费量达到 Q_3，其中，国产大豆为 Q_4，进口大豆为 Q_3-Q_4，最终使国内大豆播种面积减少（Q_3-Q_4）/Y（假设单产为 Y），国内大豆生产者福利较短缺型大豆进口减少 P_1P_2DC。

为避免大豆主产区农户收入受到严重影响，2008 年国家在大豆主产区实施了大豆临时收储制度，使国内大豆收购价格高于进口大豆的价格，由此豆农的收入得到保障。但从图 3－1 可以看到，只要进口大豆不断地进入中国市场，大豆供给曲线就会不断右移，国储大豆花费的成本将随着大豆进口的增加而不断提高。此外，保护价收购还会使大豆主产区大豆加工企业的原材料成本较进口大豆变得更高，由于收购数量和质量限制等问题的存在，结果造成农户“卖豆难”和大豆压榨企业收不到大豆的双重困境出现。

3.2 大豆进口对国内种植业的影响机制分析

根据斯托尔珀—萨缪尔森定理（The Stolper－Samuelson Theorem，简称 S－S

定理）可知，在一国国内生产要素自由流动的条件下，如果对该国使用相对稀缺要素的生产部门进行关税保护，受保护产品的相对价格会得到提高，同时提高的还有稀缺要素的收入。如果关税保护的是劳动密集型产品，则劳动要素的收入趋于增加；如果关税保护的是资本密集型产品，则资本要素的收入趋于增加。由此反推，当一国降低或者取消对国内土地密集型农产品的保护后，则国内土地密集型农产品的价格将会下降，土地要素的收入趋于下降。中国放开大豆进口市场后，大豆进口增加，根据上节关于大豆进口类型的分析，可以有下述两种情况（见图3－2）：

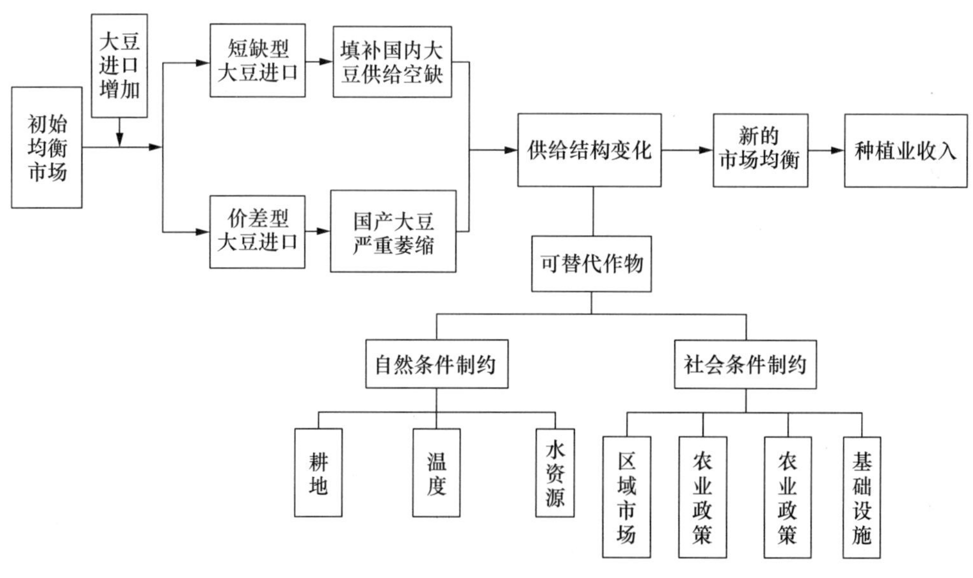

图3－2 大豆进口对国内种植业的影响机制

（1）当大豆进口属于短缺型大豆进口时，进口大豆的作用主要是填补国产大豆的供给空缺，这种情景下虽然国内农作物耕种结构和农产品供给结构会受到影响，但由于大豆进口规模相对较小，国内大豆的生产一般不会受到严重冲击，农户可以通过适当调整种植结构避免种植业收入受到严重冲击，因此短缺型大豆进口并不会对农民种植业收入造成太大的影响。

（2）当大豆进口属于价差型大豆进口时，大豆进口规模超过原有的供给空缺，国内大豆供过于求，由此造成国内大豆面积严重萎缩，减少的程度将视各地大豆的可替代作物而定，替代作物的选择主要受限于自然资源禀赋和社会条件的双重制约，其中自然条件主要包括当地的耕地资源、水资源和温度；社会条件的制约主要包括当地的市场条件、农业政策取向、种植习惯以及基础设施建设状况等。自然条件和社会条件的约束越少则可选择的替代作物越多，种植结构调整的空间越大；反之则说明当地种植结构可供调整的空间越小。种植结构调整之后是全国农产品供给结构的变化，随之形成新的市场均衡，其农产品产量和价格的变化会引起农户种植业收入的变化。

3.3 大豆进口对不同类型农户的影响

贸易开放后，贸易国之间通过互通有无、发挥彼此的比较优势可以提高社会的整体福利，然而比较优势是一个相对的概念，即比较优势并非固定不变的，而是可以随着生产成本结构的变化而变化。德国经济学家李斯特在其著作《政治经济学的国民体系》中指出，贸易国从贸易自由化中实现福利最大化是有条件的，即这种比较优势在生产成本结构固定不变的短期静态条件下才是有效的，但是在动态的发展过程中将不再适用。贸易自由化学说和保护幼稚产业学说分别从比较优势和生产成本结构变化方面阐释了贸易自由化对国民整体福利的作用和国内产业长期发展的风险，但均没有对在贸易自由化进程中处于弱势地位群体的关注。古典学派提倡的自由贸易学说假设劳动是唯一的生产要素，在贸易开放后生产要素可以自由地按照比较优势原理进行配置，且不考虑这种结构调整的成本。对于工业品而言，其主要的生产要素（劳动力、资本、厂房和生产技术等）对自然条件的要求相对于农产品并没有那么严格，生产周期和生产过程比较容易人为控制，因此对于工业品来说，只要具备了基本的生产要素和生产技术后，调整生产结构就并没有太大的障碍。对于农产品而言，由于其固有的自然属性和对生产周期的要求，加上农业劳动力素质的制约，导致在相当长的一段时期内往往无法及时地进行农业结构调整以适应贸易开放带来的冲击，从而对农民的收入和种植决策带来直接的影响。在现实生活中，产业或部门间的生产要素尤其是劳动力的转移需要很长的调整时期。由此可知，在产业结构调整的过程中，直接从事生产的劳动者往往会受到直接的收入损失。

根据农户经营类型以及结构调整成本的大小可能会出现以下四种情形：

(1) 调整成本较低的纯农户。种植结构调整成本较低的地区主要分布在农业生产受自然条件制约较小的地区，如积温较高、降水较充沛、基础设施比较完善的地域。该地区以农业收入为主的农户，农业经营能力一般较强，能够及时地根据农产品市场信息及时调整种植结构和经营规模，当进口大豆对国内大豆市场价格形成冲击后，大豆比较收益下降，这类农户一般会直接减少大豆种植面积，增加替代作物的播种面积。

（2）调整成本较低的兼业农户。低调整成本地区的农户，其家庭收入来源包括非农就业和农业两块，农业收入在其家庭总收入中的比重较低，大豆收入对家庭收入的贡献较低，且种植大豆在一定程度上是为了自给自足，对于这种类型的农户，其受大豆进口带来的影响最小。

（3）调整成本较高的纯农户。对于农业结构调整成本较高地区的农户，结构调整往往由于自然条件、技术水平以及农业政策的影响而无法及时地调整种植结构，以至于受进口大豆的冲击较大。同时，对于以农业为主的家庭，其收入来源比较单一，受到大豆进口冲击的影响最大。

（4）调整成本较高的兼业农户。如果农户的种植结构调整成本较高，但其家庭收入中农业收入只占较少的部分，对于大豆进口导致的种植收益下降的承受能力要高于调整成本较高的纯农户。

如果国内生产结构不能随着大豆进口规模的增加而及时调整，那么就可能会对农民的生计造成严重影响。由于国外大豆生产的规模优势所决定的生产成本远远低于国内大豆，如果进口大豆持续不断地进入国内市场，那么中国大豆供给曲线势必将继续向右平移，国内大豆均衡价格将持续下降。如果缺少相应的保护措施，则国内大豆农户将不再种植大豆，此时国内大豆需求将全部由国际市场来满足，在一些由于自然条件限制无法调整种植结构的地区还可能会出现抛荒的现象。

3.4 大豆进口对种植结构调整行为的影响分析

由3.1节的内容分析可知，价格保护政策（临时收储）只是解决了部分国产大豆的收购问题，却无法控制进口规模的扩大，因此在进口大豆不断进入中国市场的情况下企图通过控制大豆库存来稳定市场价格的作用失效，大豆收购成本和库存成本不断增加。从长久来看，规避由于大豆大规模进口造成的国内冲击只有通过调整种植结构，减少不具比较优势的作物的种植，改种其他更有比较优势的农作物。

就单个生产者来看，假设农户以追求农业生产最大化为目标，农户拥有耕地面积数量 A，可变生产要素主要为资本 K 与劳动 L，其用于大豆和其他替代作物生产的投入量分别为 K_1、L_1 和 K_2、L_2，为了追求在一定风险条件下的净收益最大化，农户通过调节各种作物的种植比例来进行农业生产，大豆的种植比例为 r，其余作物的种植比例为 1 - r。设大豆和替代作物的价格分别为 P_1 和 P_2，单位产量分别为 Q_1、Q_2，此时农户收益最大化的目标函数可以表示为：

$$\begin{cases} \max R = R_1 + R_2 \\ R_1 = P_1 \cdot r \cdot Q_1 \cdot A - P_A \cdot r \cdot A - P_K \cdot K_1 - P_L \cdot L_1 \\ R_2 = P_2 \cdot (1 - r) \cdot Q_2 \cdot A - P_A \cdot r \cdot A - P_K \cdot K_2 - P_L \cdot L_2 \end{cases} \tag{3-1}$$

其中，R 表示种植业净收益，R_1 和 R_2 分别表示大豆和替代作物的净收益。假设生产技术水平不变，即单位产出所需要的生产要素结构保持不变。求上述最大化问题，仅需对目标函数的大豆价格求一阶偏导并令其为零即可：

$$\frac{\partial R}{\partial P_1} = \frac{\partial R_1}{\partial r} \cdot \frac{dr}{dP_1} + \frac{\partial R_2}{\partial (1-r)} \cdot \frac{d(1-r)}{dP_1} + \frac{\partial R}{\partial A} \cdot \frac{dA}{dP_1} - \frac{\partial C}{\partial P_1} = 0 \tag{3-2}$$

式（3-2）中，C 表示生产要素成本，主要包括土地租金、资本与劳动力等。上面等式表示调整后的边际收益等于边际成本，即因大豆价格变化进行结构调整时，农户增加的边际收益恰好等于边际成本时为最优选择。前三项为种植结构调整效应，包括结构调整效应和规模调整效应，其中前两项为结构调整效应，即由于大豆价格变化引致的大豆和其替代作物播种面积相互变化所引起的净收益变化，第三项为土地规模调整效应，即由于大豆价格变化造成的播种面积的变化，前三项共同反映了农业收益受大豆价格变化造成的影响，最后一项表示成本效应，即由于大豆价格变化导致的生产要素在不同作物之间分配而产生的直接投入成本和交易成本的变化。由此可见，大豆进口对国内种植结构调整的作用并非只是价格在起作用，还要涉及调整成本的大小。

3.5 大豆进口背景下农业保护和调整种植结构的分析

在农业资源紧缺的国家和地区，当经济发展水平达到一定程度后，一般都会经历农产品进口迅速增加、农业对外依存度攀升的过程，日本、韩国以及中国台湾地区等经济体的发展经验均支持了以上观点。当前，我国正处于工业化和城镇化的迅速发展时期，人均收入持续较快增长，食物消费结构不断升级，农产品消费种类和消费规模均呈快速增长趋势。在未来相当长的时期内，食物需求刚性增长与水土资源约束的矛盾和国内食物多样性与国内供给的结构性矛盾将愈加突出，在国内供给无法解决食物供需平衡问题的情况下，充分利用全球资源从国际市场进口农产品（特别是进口土地密集型农产品）就显得尤为必要。然而，与农业资源紧缺国家和地区农产品进口经验需要加以区分的是，中国自身是一个农业大国和人口大国，在进口同类农产品之前本身就已经有着庞大的生产规模和从业人口，如中国大豆产业涉及约5.5亿农村劳动力用工量和数千万农村人口，仅黑龙江省大豆集中产区就有134万户豆农，超过540万人，因此大豆产业定位与结构调整须充分考虑直接生产者的增收保障需要（倪洪兴，2012）。为辩证分析上述贸易开放与农业保护之间的关系及其后果，下面就单个农户的生产行为来分析。

如图3-3所示描述的大豆生产要素的埃奇沃斯盒状图，曲线分别表示生产大豆和替代作物的等产量线，K和L分别表示生产资本和劳动力，R_1、R_2分别表示农户总耕地面积中大豆和其他作物面积所占的比重，R_1和R_2之和为1。在初始阶段，种植结构在0点达到均衡，此时用于生产大豆的资本和劳动力分别为K_0和L_0，用于生产其他作物的资本与劳动力分别为$K-K_0$和$L-L_0$；贸易开放后由于大豆进口增加导致国内生产者价格下降，农户因比较收益下降而调整种植结构，并降低大豆的种植比例，此时在1点达到均衡，用于大豆生产的资本和劳动力为K_1和L_1，此时不仅种植结构需要调整，资本与劳动等生产要素也需要重新调整。图3-3中以种植结构可以任意调整和资本与劳动力可以无限细分为分析前提，没有考虑种植结构调整成本，如果调整成本较大或者无法进行结构调整，则均衡点仍然维持在0点，即使种植结构可以调整，由于生产要素结构与作物结构之间可能存在不一致性，导致生产要素的重新配置往往会因资源的闲置而没效率，最终不会进行结构调整。

假设农户为理性的经济人，原来的种植结构是农户在各种条件下为达到收益最大化的最优选择，大规模的大豆进口导致国内大豆价格受到抑制，农户收入降低，大豆生产积极性受挫，同时还会抑制大豆生产新技术和现代生产方式的采用。为保障国内生产者的利益，如果国家提高大豆的保护力度，使种植大豆的收益得到维持或增加，此时均衡仍然维持在图3-3中的0点或达到新的均衡2点，即农户不改变种植结构或者增加大豆种植比重。然而，中国大豆与美国、南美国家的大豆相比，竞争力上的差异主要源于种植规模过小和生产成本上的差异，因此如果对所有的国产大豆均采取保护措施，虽然大豆种植户的收入在一定程度上较不保护有所提高，但保护的结果无法从根本上扭转国内大豆生产的比较劣势，还可能会加重消费者、纳税人和财政的负担，并且会引起农产品贸易国之间发生贸易摩擦，一味地实施农业保护政策还会阻碍农业内部及农业与其他产业之间的资源有效配置，结果反而阻碍农业结构的调整。因此，从长远来看，对农业采取保护措施的原则应当是在种植结构难以调整的地区采取农业保护措施，农业保护不应当阻碍种植结构的长期调整。

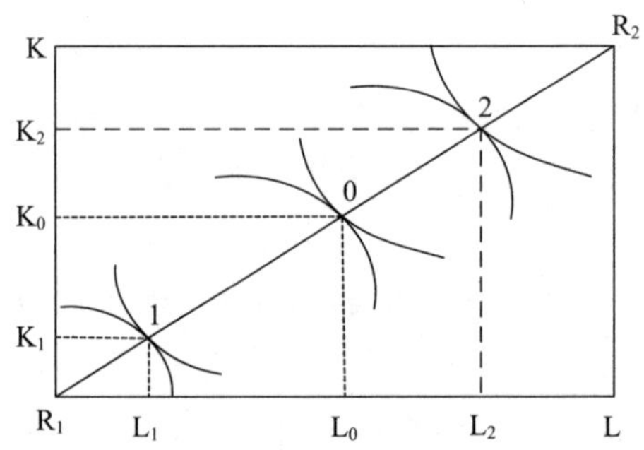

图 3-3　生产结构及要素配置的埃奇沃斯盒状图

由以上分析可知，面对贸易开放后进口农产品带来的冲击，需要权衡农业生产结构长期调整与农业保护的辩证关系，贸易开放应当充分考虑种植结构难以调整地区的农户的收入保障问题，对于调整种植结构成本较小的地区，应当着眼于发挥农业的比较优势，积极调整种植结构，短期的保护不应该影响种植结构的长期调整，以此防止由于政策干预造成日后付出更大的代价。

3.6　大豆产业链、进口大豆控制与中国大豆生产

大豆产业链是以大豆产品为核心，以大豆的生产、流通和消费为链接纽带，包括大豆的种植、收购、运输、加工和零售等诸多中间环节，根据大豆价值链的生成过程而形成的从上游到下游的网络链条。按照农业部规定，中国进口的大豆

只能用作加工原料，中国国内压榨大豆就成为大豆全球产业链中的一环（见图3-4）。国产大豆与进口大豆均可用于压榨，在大豆压榨环节，加工企业对是选择用国产大豆还是用进口大豆主要是基于价格和成本方面的考量，不管是内资还是外资，企业间的竞争将集中在过程控制方面。当跨国粮商的业务范围涵盖整个大豆产业链中的产地资源、贸易渠道和中国大豆加工零售市场之后，选用国产大豆作为加工原料的大豆压榨企业与选用进口大豆作为加工原料的跨国粮商之间的竞争将是单个加工环节的利润率与整个产业链利润率之间的竞争，一方面跨国粮商利用产业链的控制优势大量进口国际大豆，通过占有中国的大豆加工市场为消化大豆产地剩余、获取贸易利润提供支撑；另一方面通过压低进口大豆价格而挤占国产大豆市场，迫使国内压榨企业选用进口大豆作为加工原料，大豆压榨产能向沿海地区转移，国内原有的大豆供销网络逐渐断裂，从而使中国国产大豆失去油用大豆市场，结果造成国产大豆的萎缩，进而危及国内食用大豆的生产。

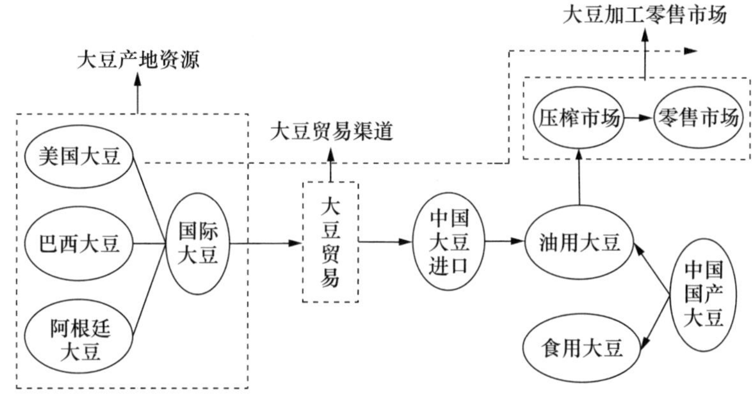

图3-4 进口大豆产业链与中国大豆生产

第4章　大豆进口背景分析

大豆在中国拥有种植大豆的悠久历史，直到20世纪90年代中期，中国大豆一直处于自给自足甚至富余的状态，在20世纪80年代大豆一度成为我国主要的出口创汇农产品。随着中国经济的快速发展，国内大豆需求持续增加，1996年后，中国逐步放开大豆进口市场。与此同时，国外转基因大豆生产技术不断发展，转基因大豆播种面积和产量迅速增加，自此，中国大豆进口从无到有并开始出现逆差，在之后的短短十余年间迅速突破6000万吨，中国成为全球最大的大豆进口国。与此同时，大豆也成为全球贸易中最主要的农产品之一。本章将就中国大豆的生产和消费、全球大豆的生产与贸易以及中国大豆进口的主要来源国进行分析，以期理解中国大豆进口的背景与缘由。

4.1　中国大豆生产及供需现状分析

4.1.1　大豆生产条件与大豆产区分布

大豆栽培的自然限制界线需要全年温度不小于10摄氏度，积温带不高于1900摄氏度，年降水量在250毫米以下无灌溉设施的区域。我国大豆生产最集中的地区主要为东北产区和黄淮海产区，其中东北产区主要分布在松嫩辽平原和三江平原，黄淮海流域则主要分布在黄淮平原。产量历年最多的省份主要为黑龙江、吉林、辽宁、河北、山东、河南、江苏和安徽八省（全国农业区划委员会，1989）。根据《全国优势农产品区域布局规划（2008～2015年）》的规划布局，我国将重点建设东北高油大豆、东北中南部兼用大豆和黄淮海高蛋白大豆3个优势产区。其中，东北高油大豆优势区包括内蒙古东四盟和黑龙江的三江平原、松嫩平原第二积温带以北地区，东北中南部兼用大豆优势区包括黑龙江南部、内蒙古的通辽赤峰及吉林辽宁大部，黄淮海高蛋白大豆优势区包括河北、山东、河南、江苏和安徽两省的沿淮及淮河以北、山西西南地区。

4.1.1.1 东北春作大豆产区

东北地区属于中温带，种植制度为一年一熟，可以种植喜凉和喜温作物买入春小麦、甜菜、玉米和水稻等，由于积温较低，生产最好的是对温度要求较低的喜温作物，如大豆和高粱。大豆主要分布在黑龙江、吉林、辽宁三省和内蒙古东北四盟的一些地区，而尤以松嫩、三江、辽河等平原栽培最为集中；一般在4月下旬至5月中旬播种，9月成熟，本区大豆品质优良、含油量高，是我国重要的大豆内、外销商品基地；换茬作物主要有玉米、高粱、春小麦和甜菜等（全国农业区划委员会，1989）。

（1）黑龙江大豆生产、农民收入及劳动力就业结构。黑龙江是中国最大的大豆生产省份，2011年黑龙江大豆播种面积与产量分别占全国的40.6%和37.4%。2006~2011年，黑龙江总耕地面积由1.75亿亩增加至2.17亿亩，净增4212万亩，大豆播种面积从6369万亩降至5193万亩，净减少1176万亩，大豆播种比例却从36.4%下降至23.9%（见表4-1）。从黑龙江各地大豆生产状况来看，全省各市均有大豆种植，大豆播种面积比重均超过10%，其中播种面积最大的为黑河，为1004.3万亩，占其总耕地面积的55.8%，大豆播种比重最高的为大兴安岭地区，大豆占比超过了60%（见表4-2），从人均大豆播种面积来看，大兴安岭地区人均大豆面积108.9亩，其他人均超过10亩以上的分别为黑河、伊春和佳木斯，劳均大豆面积为36.9亩、35亩和10.6亩。从农村居民的收入来看，黑龙江农村居民人均纯收入由3552.4元增至7590.7元，其中以农业收入为主但比重有所降低，6年间由4125.1元增至9425.6元，种植业收入占比由62.6%降至54.7%，工资性收入增幅明显但总量有限，由654.9元增至1496.5元。黑龙江三次产业对劳动力的带动中，第一产业吸纳的劳动力比重依然最高，但总体趋势下降，2006~2010年，第一产业就业比重由45.2%降至41.3%；与之相反，第三产业劳动力就业比重由33.8%升至39.3%，第二产业的就业比重略有下降。一产就业比重有所下降，但过去6年间黑龙江省农业劳动力增加了44.9万人。由此可见，未来一段时期内，黑龙江省第三产业将依旧是农村劳动力转移的主要方向。

（2）吉林大豆生产、农民收入及劳动力就业结构。吉林省与黑龙江省同处东北地区，但大豆在农业生产中的比重远低于黑龙江，2011年其大豆播种面积与产量分别占全国的3.9%和5.4%。吉林省2011年总耕地面积7833.5万亩，较

表4－1 黑龙江省农民收入、大豆生产及三次产业就业概况

单位：元、%、万亩、万人

指 标	2006年	2007年	2008年	2009年	2010年	2011年
人均纯收入	3552.4	4132.3	4855.6	5206.8	6210.7	7590.7
人均工资性收入	654.9	773.9	916.8	1019.6	1241.6	1496.5
人均农业纯收入	2224	2449	2674.1	2895.6	3545.2	4150.3
农业收入比重	62.6	59.3	55.1	55.6	57.1	54.7
总耕地面积	17517	17848.5	18130.5	20806.5	21375	21729
大豆耕地面积	6369	5713.5	5958	7294.5	6718.5	5193
大豆比重	36.4	32.0	32.9	35.1	31.4	23.9
农业从业人员数量	689.6	675.1	678	684.1	677.5	677.7
第一产业就业比重	45.2	43.7	43.4	43.2	41.3	—
第二产业就业比重	21	21.6	20.8	20.6	19.4	—
第三产业就业比重	33.8	34.7	35.8	36.2	39.3	—

资料来源：《黑龙江统计年鉴》（2007～2012）。

表4－2 2011年黑龙江省各地区大豆生产状况

单位：万亩、%、万人、亩/人

地区	总耕地面积	大豆耕地面积	大豆比重	农业劳动力数量	劳均大豆播种面积
哈尔滨	2986.2	425.3	14.2	147.2	2.9
齐齐哈尔	3431.3	1055.1	30.8	138.9	7.6
鸡西	714.3	165.5	23.2	24.0	6.9
鹤岗	301.0	33.7	11.2	9.0	3.7
双鸭山	631.4	113.7	18.0	18.9	6.0
大庆	1100.3	50.5	4.6	50.2	1.0
伊春	365.2	225.8	61.8	6.5	35.0
佳木斯	1930.5	568.2	29.4	53.5	10.6
七台河	258.6	65.8	25.4	10.1	6.5
牡丹江	940.0	329.7	35.1	40.9	8.1
黑河	1801.2	1004.3	55.8	27.2	36.9
绥化	2776.1	356.1	12.8	149.8	2.4
大兴安岭	262.4	163.4	62.3	1.5	108.9
农垦总局	4264.2	684.4	16.1	—	—

资料来源：《黑龙江统计年鉴》（2012）。

表4－3　吉林省农民收入、大豆生产及三次产业就业概况

单位：元、%、万亩、万人

指　标	2006年	2007年	2008年	2009年	2010年	2011年
人均纯收入	3641.1	4189.9	4932.7	5265.9	6237.4	7510.0
人均工资性收入	605.1	711.0	810.2	869.0	1072.1	1469.2
人均农业纯收入	2061.7	2165.0	2593.3	2655.8	3274.2	3946.2
农业收入比重	56.6	51.7	52.6	50.4	52.5	52.5
总耕地面积	7476.9	7560.5	7497.3	7616.3	7832.1	7833.5
大豆播种面积	672.6	534.0	560.1	656.1	565.1	457.2
大豆比重	9.0	7.1	7.5	8.6	7.2	5.8
农业从业人员数量	565.2	564.6	564.0	568.8	567.4	573.9
第一产业就业比重	45.2	44.6	44.0	43.8	43.3	42.9
第二产业就业比重	19.0	19.2	19.6	20.2	20.1	20.2
第三产业就业比重	35.8	36.2	36.3	36.0	36.7	36.9

资料来源：《吉林统计年鉴》（2007～2012）。

2006年增加356.6万亩，同期大豆播种面积由672.6万亩减少至457.2万亩，降幅达32%，大豆播种面积在总农作物中的比重也由9%下降至5.8%；2006～2011年，吉林农民名义人均纯收入增长106%，达到7510元，其中农业收入占52.5%，工资性收入虽有较大幅度增加但占农民总收入的比重依然较低；农业从业人员始终维持在560万～570万的水平，但2011年稍有增加，第一产业就业比重有所下降，但依然是吸收劳动力最高的产业，第二、三产业就业比重略有提高。

4.1.1.2　黄淮流域夏作大豆产区

黄淮流域夏作大豆产区包括长城以南、淮河以北、太行山和豫西山地以东，主要包括河北南部、河南大部、山东全部、江苏北部和安徽沿淮河两岸以北，本区域基本为小麦后茬接种大豆，大豆种植时间为麦收后6月中下旬播种，9月中下旬成熟，所产大豆除部分外销外主要以豆制品加工食用为主。

（1）河南大豆生产、农民收入及劳动力就业结构。河南省地处黄河中下游，属于北亚热带与暖温带气候，适合多种植物生长，是夏大豆的主要产区之一。河

南虽然是产粮大省，但其农村居民人均纯收入中农业收入占比仅占35.2%，而其人均工资性收入已经超过农业纯收入，这说明河南农村劳动力非农就业转移增长较快，从农业从业人员数量上也可以得到佐证，2006～2011年，河南农业就业人口从3050万降至2670万，净减少380万，与此相对应的是河南省第一产业的劳动就业比重也从53.3%降到43.1%，而第二产业与第三产业就业比重分别从23.6%、23%增至29.9%和27%；河南省大豆播种面积在总农作物中所占比例只有不足4%，但由于河南总耕地面积较大，故河南大豆仍然是我国第四大大豆生产地，近几年大豆播种面积有明显下滑，2006～2011年从808.6万亩降至668.5万亩。

表4－4　河南省农民收入、大豆生产及三次产业就业概况

单位：元、%、万亩、万人

指　标	2006年	2007年	2008年	2009年	2010年	2011年
人均纯收入	3261.0	3852.0	4454.0	4807.0	5524.0	6604.0
人均工资性收入	1022.7	1268.0	1500.0	1622.0	1944.0	2524.0
人均农业纯收入	1395.4	1581.0	1747.0	1885.0	2154.0	2325.0
农业收入比重	42.8	41.0	39.2	39.2	39.0	35.2
总耕地面积	20993.1	21131.8	21272.5	21294.9	21373.0	21387.9
大豆播种面积	808.6	703.3	729.2	700.5	679.5	668.5
大豆比重	3.9	3.3	3.4	3.3	3.2	3.1
农业从业人员数量	3050	2920	2847	2765	2712	2670
第一产业就业比重	53.3	50.6	48.8	46.5	44.9	43.1
第二产业就业比重	23.6	25.8	26.8	28.2	29.0	29.9
第三产业就业比重	23.0	23.7	24.4	25.4	26.1	27.0

资料来源：《河南统计年鉴》(2007～2012)。

(2)安徽大豆生产、农民收入及劳动力就业结构。安徽省位于中国中部地区与东部地区的结合部，属于暖温带和亚热带气候。安徽省大豆播种面积位居全国第二，近几年虽有下降，2011年仍有1342.3万亩大豆，占总耕地面积的10%左右；安徽全省农民人均纯收入稍低于河南省，同属于劳务输出大省，工资性收入占比43.7%，略低于农业纯收入占比；从就业结构上来看，农业就业人口和就业比重均有明显下滑，但农业就业人口从2008年以来变化不大，说明其农业劳动力已经趋于相对稳定的状态，第二、三产业就业比重均有所提高，这意味着新增就业人口基本上已转移到第二、三产业中去。

表4-5 安徽省农民收入、大豆生产及三次产业就业概况

单位：元、%、万亩、万人

指　标	2006年	2007年	2008年	2009年	2010年	2011年
人均纯收入	2969.08	3556.27	4202.49	4504.32	5285.17	6232.21
人均工资性收入	1184.11	1470.05	1737.84	1882.42	2203.94	2723.17
人均农业纯收入	1617.76	1820.86	2114.24	2238.62	2626.42	2986.07
农业收入比重	54.5	51.2	50.3	49.7	49.7	47.9
总耕地面积	13203.4	13280.8	13451.9	13518.2	13582.3	13534.5
大豆播种面积	1127.8	1407.0	1482.7	1455.0	1414.7	1342.3
大豆比重	8.5	10.6	11.0	10.8	10.4	9.9
农业从业人员数量	1741.0	1639.7	1592.8	1566.1	1583.6	1598.9
第一产业就业比重	46.5	42.9	40.7	39.3	39.1	38.8
第二产业就业比重	22.4	23.7	24.7	25.0	25.1	25.2
第三产业就业比重	31.1	33.4	34.6	35.8	35.8	36

资料来源：《安徽统计年鉴》（2007~2012）。

（3）江苏大豆生产、农民收入及劳动力就业结构。江苏大豆生产主要集中在徐淮农业区，该区地处我国南北气候分界线以北，是具有暖温带生物气候条件的农业区。由于江苏地处东部沿海发达地区，第二产业较为发达，从所有研究省份农民纯收入来看，江苏农民以年均10805元的纯收入位列第一（考虑到江苏大豆主要集中在苏北地区，故生产大豆的农户实际人均纯收入应当相对较低），其中工资性收入占据主体，农业收入比重仅占14%；江苏总耕地面积约1.15亿亩，其中大豆面积在320万~350万亩，在作物结构中占比3%左右；江苏农业从业人员在2006~2011年锐减300.9万人，第一产业的就业比重也相应由28.6%降至21.5%，与之相对应的是第二产业与第三产业的就业比重分别增加4%和3.1%。

（4）河北大豆生产、农民收入及劳动力就业结构。河北省地处华北平原北部，大部分地区属于暖温带，雨热同季，适宜多种植物生长。全省大豆播种面积从2006年的316.4万亩降到2011年的204.2万亩，占总农作物播种面积的比重从2.4%降到1.6%；2006~2001年，农民人均纯收入中农业纯收入比重由53.6%降到42.2%，工资性收入逐渐成为收入主要来源，在此过程中农业就业比重下降5.9%，第二、三产业就业比重分别增加3.3%和2.6%。

表4-6 江苏省农民收入、大豆生产及三次产业就业概况

单位：元、%、万亩、万人

指 标	2006年	2007年	2008年	2009年	2010年	2011年
人均纯收入	5276.3	5813.2	7356.5	8003.54	9118.2	10805
人均工资性收入	2786.1	3076.4	3895.5	4238.54	4896.4	5747
人均农业纯收入	946.4	1000.7	1152.2	1183.46	1323.5	1514.2
农业收入比重	17.9	17.2	15.7	14.8	14.5	14.0
总耕地面积	11077.7	11111.6	11265.4	11337.2	11429.4	11494.9
大豆播种面积	319.5	334.1	349.2	349.5	340.4	329.6
大豆比重	2.9	3.0	3.1	3.1	3.0	2.9
农业从业人员数量	1323.88	1230.28	1179.94	1120.19	1060.29	1023.02
第一产业就业比重	28.6	26.3	25.1	23.7	22.3	21.5
第二产业就业比重	38.4	39.7	40.2	41.1	42	42.4
第三产业就业比重	33	34	34.7	35.2	35.7	36.1

资料来源：《江苏统计年鉴》（2007~2012）。

表4-7 河北省农民收入、大豆生产及三次产业就业概况

单位：元、%、万亩、万人

指 标	2006年	2007年	2008年	2009年	2010年	2011年
人均纯收入	3801.8	4293.4	4795.5	5149.7	5958.0	7119.7
人均工资性收入	1514.7	1754.3	1979.5	2251.0	2653.4	3424.0
人均农业纯收入	2039.6	2249.7	2416.2	2440.4	2729.8	3006.2
农业收入比重	53.6	52.4	50.4	47.4	45.8	42.2
总耕地面积	13070.9	12979.1	13069.8	13023.8	13077.6	13160.6
大豆播种面积	316.4	282.8	281.4	248.7	221.9	204.2
大豆比重	2.4	2.2	2.2	1.9	1.7	1.6
农业从业人员数量	1524.9	1481.5	1481.4	1479.2	1464.2	1439.6
第一产业就业比重	42.2	40.4	39.8	39.0	37.9	36.3
第二产业就业比重	30.0	31.0	31.4	31.7	32.4	33.3
第三产业就业比重	27.8	28.6	28.8	29.3	29.8	30.4

资料来源：《河北统计年鉴》（2007~2012）。

4.1.2 中国大豆供需平衡分析

自1978年至2012年，中国大豆总供给量翻了8.4倍，从864.7万吨增至7280万吨，其中国内大豆产量先增后减，由761.1万吨增至2004年的1740.4万吨的高峰后开始下降，2012年回落至1280万吨。国内大豆的自给水平与产量的先增后减并不同步，在20世纪80年代中期国内大豆基本上完全自给，但在1985年后呈逐步下降趋势，特别是在1996年国家对大豆贸易开放后大豆自给率开始迅速下滑，并在2012年降至历史最低点17.6%。大豆自给水平的下降主要是由于进口大豆的增加而引起的，而进口大豆的规模与国内大豆压榨需求增大有关，由表4－8可以看出，国内大豆压榨数量由1978年的345万吨增至2012年的6300万吨，大豆压榨量占总供给量的比重也从39.9%增至86.5%，在压榨所用的大豆中，绝大部分来自于进口大豆，1978～2012年，中国进口大豆从初始的117.4万吨骤增至6000万吨，增加了50倍，其中2012年进口大豆中的5900万吨皆用于压榨食用油（国家粮油信息中心，2012）。在此期间，大豆出口在1987年曾达到过174万吨，但之后则呈明显的回落趋势，其占国内大豆产量的比重也由最高的14.2%下降至1.6%，当前大豆出口规模较之大豆总产量微乎其微。

表4－8 国内大豆供需平衡　　单位：万吨、%

年份	国内产量		进口		出口		压榨		总供给量
	数量	比例	数量	比例	数量	比例	数量	比例	
1978	761.1	88	117.4	13.6	11.7	1.5	345	39.9	864.7
1985	1051.2	99.4	150.2	14.2	114.8	10.9	482.5	45.6	1057.3
1990	1100.8	94.2	203.1	17.4	97	8.8	570.7	48.9	1168.2
1995	1351.1	83.1	292.1	18	41.4	3.1	791.1	48.7	1625.5
2000	1541.1	57.1	1277.6	47.3	27.9	1.8	1778	65.8	2701.2
2005	1635	37.8	2908.3	67.3	46.8	2.9	3280.2	75.9	4322.4
2006	1550	33.9	3070.2	67.1	44.9	2.9	3533	77.2	4576.7
2007	1272.5	27.9	3319.8	72.7	53.3	4.2	3685.9	80.7	4567.6
2008	1554.2	27.5	3957.4	69.9	53.9	3.5	3958.4	70	5658.7
2009	1498.1	25.1	4496.2	75.3	41	2.7	4411	73.9	5967.7
2010	1508.3	22.4	5234	77.6	19	1.3	5500	81.6	6742.3
2011	1448.5	19.6	5923.1	80.4	27.5	1.9	6000	81.4	7371.6
2012	1280	17.6	6000	82.4	20	1.6	6300	86.5	7280

资料来源：1978～2009年数据来源于FAO；2010～2012年数据来源于《国家粮油信息中心月报》。

国内大豆压榨数量与压榨比例都呈现出快速增长态势，其中压榨大豆又基本以进口大豆为主，那么国内大豆供给势必会受到抑制。表4－9为全国及大豆主产省大豆播种面积情况，从表4－9中可以看到，自1995年以来全国大豆播种面积呈现先增后减的趋势，2000年之前约维持在1.2亿亩左右，2000年之后有所增加，在2005年达到峰值14386万亩后不断减少，至2013年全国大豆播种面积较2005年减少3886万亩，其中仅黑龙江省2013年的大豆播种面积较2006年减少2544万亩。其他省份近几年大豆种植面积亦呈现出明显的下滑趋势。

表4－9　全国及大豆主产省大豆播种面积　　单位：万亩

年份	全国	河北	内蒙古	辽宁	吉林	黑龙江	安徽	山东	河南
1995	12190	722	836	410	568	3769	662	772	839
2000	13960	636	1191	453	809	4303	1023	687	847
2005	14386	382	1196	380	757	5323	1376	358	800
2006	13956	316	1411	193	363	6369	1463	274	809
2007	13131	283	1135	196	667	5713	1407	253	703
2008	13691	281	1002	272	686	6055	1483	251	729
2009	13785	249	1260	246	656	6012	1455	242	701
2010	12774	222	1218	185	565	5322	1408	235	680
2011	11833	204	1031	180	457	4803	1329	234	669
2012	10758	192	926	174	345	3996	1316	219	692
2013	10500	188	900	165	330	3825	1298	218	698

资料来源：2011年及之前数据来源于种植业信息网，2012年与2013年数据来源于国家粮油信息中心预测。

表4－10中列出了2006年～2012年国内沿海省份与大豆主产省份大豆产量与压榨量，从表4－10中可以看出，全国范围内大豆压榨量与产量呈一增一减趋势，国内大豆产量连年降低，但压榨量却连年增加，并且呈现出沿海省份压榨量骤增、内地主产省剧减的态势，从总量上看即使国产大豆全部用来榨油，仍然存在不断扩大的缺口；从省际范围来看，黑龙江省大豆产量减少最为明显，2012年较2006年减少了189万吨，同期大豆压榨量仅增加65万吨，远远低于其他省

份（见图4－1、图4－2）。同处东北的吉林大豆压榨量仅有160万吨，远小于邻省辽宁的490万吨，而吉林省大豆产量却远高于辽宁；处于内陆地区的河南产量与吉林相近，高于黄淮海地区的江苏和山东，但压榨量却远远小于以上两省；广东地处华南沿海，大豆产量仅有十几万吨，但其压榨量却高达750万吨。由此可见，在大豆主产地区，虽然大豆产量相对较大，但大豆压榨量远远小于沿海地区，沿海地区大豆产量较少，但大豆压榨量却很大，这说明沿海地区大豆压榨需求远远高于内地，而这部分压榨所需的大豆则基本需要通过进口满足。从主要沿海省份大豆进口趋势来看，自2001～2011年以来，沿海省份大豆进口由无到有、由少到多，均呈现不断扩大趋势。其中，进口量最大的三个省份分别为山东、江苏和广东，2011年这三省大豆进口量分别达到1292万吨、847万吨和690万吨，较2001年分别增加300%、251%和292%，而以上三省同样是我国大豆压榨量最大的省份，这说明我国大豆压榨已经重点分布于沿海地区，其原材料来源基本为进口大豆，大豆主产区相对较小的大豆压榨需求势必会降低对大豆主产区大豆的需求，从而形成“进口大豆驱逐国产大豆”的局面。压榨和生产相脱离的结果一方面会引起国内大豆相对价格下跌，农户种植大豆的直接相对收益降低；另一方面会造成主产区农民“卖豆难”现象，农户的销售成本增加。

表4－10 国内沿海省份与大豆主产省份大豆产量与压榨量 单位：万吨

年份	指标	全国	河北	辽宁	吉林	黑龙江	江苏	山东	河南	广东
2006	产量	1508.3	39.5	38	76.4	652.5	53.4	44.5	67.8	14.9
	压榨量	3470	200	200	59	185	610	580	160	500
	压榨量—产量	1961.7	160.5	162	－17.4	－467.5	556.6	535.5	92.2	485.1
2008	产量	1554.2	38.1	48.8	90.6	620.5	60.2	40.1	88.7	13.9
	压榨量	4250	280	260	50	120	650	700	180	580
	压榨量—产量	2695.8	241.9	211.2	－40.6	－500.5	589.8	659.9	91.3	566.1
2010	产量	1508.3	27.7	34.1	86.6	585	59.8	38.6	86.4	14.7
	压榨量	5500	350	420	130	350	750	760	250	630
	压榨量—产量	3991.7	322.3	385.9	43.4	－235	690.2	721.4	163.6	615.3
2012	产量	1260	25.9	31.2	40.8	463.5	55.3	37.4	78.1	15.3
	压榨量	6300	390	490	160	250	800	920	300	750
	压榨量—产量	5040	390	490	160	250	744.7	920	300	734.7

资料来源：《国家粮油信息中心月报》。

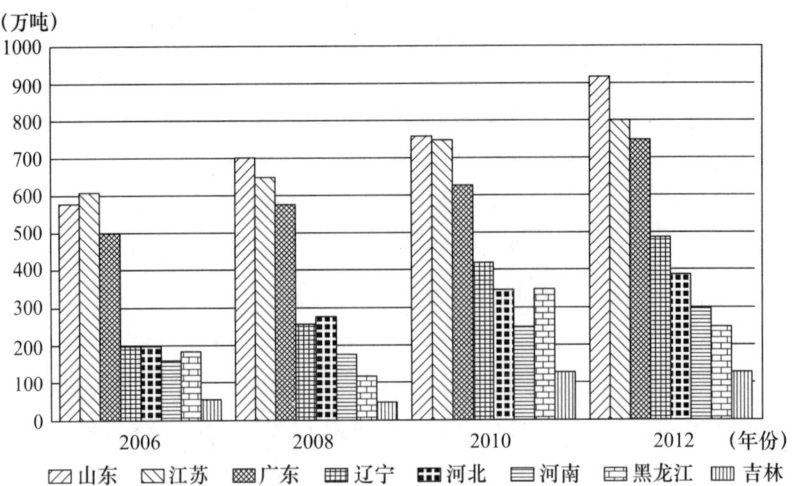

图 4-1 国内沿海与大豆主产省份大豆压榨量

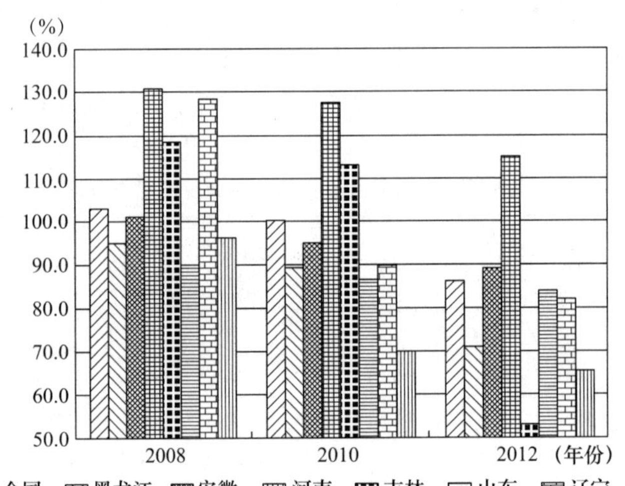

图 4-2 国内沿海与大豆主产省份大豆产量（2006 年 =100%）

表 4-11 2001～2011 年中国主要沿海省份大豆进口量 单位：万吨

省份	2001 年	2003 年	2005 年	2006 年	2007 年	2008 年	2009 年	2010 年	2011 年
天津	49.2	23.3	63.7	99.2	52.5	115.8	213.4	299.8	291.0
河北	115.7	172.6	154.3	201.6	231.6	327.3	319.3	338.6	286.4
辽宁	190.1	149.0	158.3	138.2	111.5	182.2	252.2	457.2	328.4

续表

省份	2001年	2003年	2005年	2006年	2007年	2008年	2009年	2010年	2011年
江苏	211.7	383.6	619.6	643.4	715.9	769.3	847.4	969.1	846.7
浙江	62.8	118.6	146.3	159.8	124.5	160.9	156.1	222.3	242.0
福建	1.5	120.8	237.1	221.1	215.3	236.1	265.5	357.9	357.9
山东	368.1	363.7	399.5	403.9	575.6	790.9	816.0	1173.6	1291.8
河南	30.6	95.7	81.7	83.1	74.8	116.7	99.2	137.7	106.5
广东	175.9	370.6	398.0	449.3	576.0	597.2	658.1	750.5	690.4
广西	13.9	92.6	199.9	255.4	239.8	271.7	411.9	450.3	429.1

资料来源：历年《中国农村统计年鉴》。

从食用植物油消费比例来看，从大豆市场开放的1996年至2009年，全国主要食用植物油消费总量由1075万吨增至2777.4万吨，增幅为258.4%，而大豆油消费量则由282.4万吨增加至1024.8万吨，增幅达362.9%，远远高于开放程度相对较低的其他使用食用油（见表4-12）。在此期间，大豆油消费增量对食用植物油消费增量的平均贡献率达到41.1%，大豆油占食用植物油的消费比重由26.3%上升到36.9%。

表4-12　食用植物油消费量　　单位：万吨、%

年份	大豆油	菜籽油	棉籽油	花生油	棕榈油	总量	大豆油占比*	大豆油占比**
1996	282.4	348.4	87.5	166.9	118.2	1075	26.3	29.5
2000	391.2	393.7	102.2	199.6	194.8	1367	28.6	33.4
2001	413.4	383.5	112	221.5	241.5	1446.4	28.6	34.3
2002	518	419.2	139.1	222.7	314.1	1691.5	30.6	37.6
2003	688.6	411.7	129.3	236.7	409.6	1956.7	35.2	44.5
2004	743.9	466.6	134.5	212.6	461.7	2102	35.4	45.4
2005	793.9	486	154.7	211.2	503.6	2232.6	35.6	45.9
2006	782	500.1	160.2	200.8	575.7	2305	33.9	45.2
2007	939.7	513.2	177.3	188.3	579.7	2476.9	37.9	49.5
2008	960.5	511.9	183.2	181	603.2	2524.9	38.0	50.0
2009	1024.8	588.7	174.3	193.2	703.3	2777.4	36.9	49.4

资料来源：FAO。*表示包括全部食用植物油，**表示未包括棕榈油。

表 4-13 食用植物油消费增速（1996 年 =100）

年份	大豆油	菜籽油	棉籽油	花生油	棕榈油	其他植物油	总量
1996	100.0	100.0	100.0	100.0	100.0	100.0	100.0
1997	125.1	98.2	112.6	96.8	104.9	101.0	107.2
1998	128.3	97.5	111.9	106.1	116.6	104.6	110.7
1999	124.3	101.5	108.8	112.7	136.2	115.4	114.6
2000	138.5	113.0	116.8	119.6	164.8	119.4	127.2
2001	146.4	110.1	128.0	132.7	204.3	104.1	134.5
2002	183.4	120.3	159.0	133.4	265.7	109.5	157.3
2003	243.8	118.2	147.8	141.8	346.5	112.8	182.0
2004	263.4	133.9	153.7	127.4	390.6	115.5	195.5
2005	281.1	139.5	176.8	126.5	426.1	116.2	207.7
2006	276.9	143.5	183.1	120.3	487.1	120.4	214.4
2007	332.8	147.3	202.6	112.8	490.4	109.9	230.4
2008	340.1	146.9	209.4	108.4	510.3	118.9	234.9
2009	362.9	169.0	199.2	115.8	595.0	130.0	258.4

资料来源：笔者计算而得。

4.2 世界大豆生产与供需现状分析

4.2.1 世界大豆生产概况

世界大豆主要集中在美洲和亚洲，美洲分为南美和北美，南美以巴西、阿根廷和巴拉圭为主，北美以美国和加拿大为主，亚洲主要以中国和印度为主。近年来，世界大豆产量呈明显上升趋势。2013 年，世界大豆总产量达到 2.82 亿吨，其中主要以美洲国家为主，从总体趋势来看，巴西大豆产量不断增加，2013 年达到 8800 万吨，超越美国成为最大的大豆生产国，阿根廷与巴拉圭的大豆播种面积也呈上升态势，阿根廷有小幅下滑，而美国大豆产量自 2009 年后开始呈下降趋势，在亚洲国家中，中国大豆产量下降明显，主要是由于进口大豆挤占国内大豆所致，而印度大豆产量则连年增加。

表4-14　世界大豆主要生产国大豆产量　　单位：万吨

国家和地区	2009年	2010年	2011年	2012年	2013年
巴西	6900	7530	6650	8200	8800
美国	9142	9061	8419	8206	8571
阿根廷	5450	4900	4010	4940	5350
印度	970	980	1100	1150	1230
中国	1498	1510	1448	1280	1220
巴拉圭	646	713	404	937	900
加拿大	358	445	430	493	515
其他	1076	1255	1454	1543	1581
总计	26040	26392	23915	26748	28166

资料来源：http：//www. usda. gov/。

4.2.2　世界大豆贸易状况与供需分析

美洲国家同时也是世界主要的大豆出口国，其中尤以巴西、美国和阿根廷为主。美国大豆在2011年之前对中国大豆出口份额最大，在40%~50%，从美国国内大豆出口能力来看，目前其大豆出口量稳定在总供给量的40%以上，2013年出口3729万吨；巴西与阿根廷的起点相差不大，但巴西对中国大豆出口量稳定增长并且在近年呈现逐渐逼近甚至超过美国大豆出口规模的趋势，2013年巴西大豆出口4250万吨，而阿根廷对中国大豆出口量则相对较小并且波动性较大，这主要是由于阿根廷国内大豆压榨产能较大，且大豆的出口税要高于豆油和豆粕，而巴西国内大豆加工产能较小，主要以出口原料大豆为主，2013年阿根廷出口大豆1250万吨。

表4-15　世界主要大豆出口国大豆出口量　　单位：万吨

国家和地区	2009年	2010年	2011年	2012年	2013年
巴西	2858	2995	3632	4100	4250
美国	4080	4096	3715	3579	3729
阿根廷	1309	921	737	643	1270
巴拉圭	407	523	357	550	550
加拿大	225	294	293	350	345
其他	266	342	493	553	585
总计	9144	9170	9227	9774	10729

资料来源：http：//www. usda. gov/。

亚洲是世界大豆主要进口地，其中中国为最大的进口国，2013 年进口预计达到 6900 万吨，占世界大豆贸易量的比重达到 66%，并且近几年中国大豆对外依存度不断攀升。日本、中国台湾地区、印度尼西亚、泰国、越南和韩国等国家和地区也是大豆的进口主体。印度的大豆主要用于自给，几乎并不进口大豆。在亚洲以外，欧盟每年的大豆进口量相对稳定，每年约进口 1200 万吨，墨西哥是美洲的主要进口国，但进口量相对较小且比较稳定，年均进口 350 万吨左右。

表 4-16　世界主要大豆进口国和地区　　单位：万吨、%

国家和地区	2009 年	2010 年	2011 年	2012 年	2013 年
中国	5034	5234	5923	5950	6900
欧盟	1270	1249	1196	1225	1210
墨西哥	352	350	361	335	355
日本	340	292	276	270	276
中国台湾地区	247	245	229	240	250
印度尼西亚	162	190	192	192	210
泰国	166	214	191	193	203
埃及	164	164	164	165	170
越南	23	92	123	135	138
韩国	120	124	114	115	120
其他	808	719	555	664	618
总计	8685	8873	9322	9483	10450
中国进口占比	58.0	59.0	63.5	62.7	66.0

资料来源：http：//www. usda. gov/。

从大豆的用途来看，世界范围内的大豆主要用于压榨。中国是世界上大豆消费量最大的国家，同时也是最大的食用大豆的生产国和消费国，进口的大豆基本全部用作压榨，因此中国也是大豆油消费量最高的国家。其余主要的大豆生产国和进口国同时也是大豆压榨较多、大豆油消费量较高的国家。

表 4 – 17　世界大豆主产国大豆压榨量　　单位：万吨

国家和地区	2009 年	2010 年	2011 年	2012 年	2013 年
中国	4883	5500	6097	6465	6815
美国	4767	4485	4635	4599	4504
阿根廷	3413	3761	3589	3335	3750
巴西	3370	3633	3808	3484	3700
欧盟	1260	1236	1225	1247	1223
印度	740	940	960	970	1000
其他	2479	2571	2470	2756	2831
总计	20912	22126	22783	22856	23824

表 4 – 18　世界大豆主产国大豆油消费量　　单位：万吨

国家和地区	2009 年	2010 年	2011 年	2012 年	2013 年
中国	1044	1111	1194	1264	1370
美国	717	762	831	841	841
巴西	498	521	540	554	570
印度	276	264	275	295	300
阿根廷	192	252	302	238	258
欧盟	242	275	199	174	177
其他	854	889	853	890	913
总计	3822	4073	4193	4255	4429

资料来源：http：//www. usda. gov/。

4.3　中国大豆进口来源国分析

中国大豆进口主要来源于美国、巴西和阿根廷，其中美国出口量最大，但增幅小于巴西。上述三国对中国出口大豆总量占中国进口总量的绝大部分，2011 年从美国进口大豆占总进口量的 42. 5%，南美占 54. 1%。

表 4-19　中国大豆进口主要来源国　　单位：万吨、%

年份	总进口量	美国	巴西	阿根廷	三国进口占比	美国占比	南美进口占比
2005	2659.1	1104.8	795.2	739.6	99.3	41.5	57.7
2006	2827	988.4	1164.3	622.7	98.2	35	63.2
2007	3082.1	1157	1058.3	827.6	98.7	37.5	61.2
2008	3743.6	1543	1165.3	984.8	98.7	41.2	57.4
2009	4255.2	2180.5	1599.3	374.4	97.6	51.2	46.4
2010	5479.7	2359.5	1859	1118.9	97.4	43.1	54.3
2011	5264	2235.1	2062.5	784.2	96.5	42.5	54.1
2011/2005	198.0	202.3	259.4	106.0	—	—	—

资料来源：http：//www.usda.gov/。

4.4　中外大豆生产成本效益比较分析

中国是大豆原产国，拥有大豆种质优势，曾是世界上最大的大豆生产国和净出口国（倪洪兴，2012）。近年来，我国逐渐从大豆净出口国转变为世界上最大的大豆进口国，由于美国是近年来世界上最大的大豆出口国，也是近年来中国最大的大豆进口来源国，据此利用中美大豆生产资料来对两国大豆生产成本结构和效益进行比较分析，以此找出中国大豆与进口大豆的成本效益差异来源。中国大豆单产水平较低，2011 年全国大豆平均单产 146.3 千克/亩，远低于美国的 197.2 千克/亩。在经营规模方面，中国大豆规模化经营最大的黑龙江省大豆种植户户均大豆播种面积仅有 5 亩，而美国则高达 1839 亩，因此大豆在中国属于典型的土地密集型产品。通过对比中美大豆生产成本与效益可以发现：

（1）中美大豆单产差距明显，中国大豆生产成本上升明显，中美大豆相对价格差距扩大。由表 4-20 可以看到，美国大豆单产水平明显高于中国大豆，2006~2011 年美国大豆单产水平较中国大豆平均高出 69.6 千克/亩，并且二者差距并无缩小趋势；成本方面，2006 年美国大豆每亩生产成本高出中国大豆 23.4 元，而到了 2011 年中国大豆生产成本反过来高出美国大豆 74 元，6 年间中美大豆相对生产成本变化 97.4 元/亩。即中国大豆生产成本较之美国大豆变得更高，但两国大豆单产水平变化则并不明显。

进一步观察中美大豆出售价格发现，两国大豆出售价格整体趋势一致，但相对价格拉大，中国大豆出售价格明显高出美国大豆，2006 年中国大豆出售价格高出美国大豆 0.9 元/公斤，而到了 2011 年这一差距扩大到 1.3 元/公斤，抛除这一期间人民币兑美元升值的因素，中美大豆相对出售价格依然上涨了 15.1%。由此可见，过去 6 年间美国大豆相对于中国大豆变得更加便宜。

表 4－20 中美大豆亩均生产成本收益

指标名称	单位	2006 年		2008 年		2010 年		2011 年	
		中国	美国	中国	美国	中国	美国	中国	美国
主产品产量	公斤	128.4	206.1	139.7	192.7	148.0	210.6	146.3	197.2
主产品产值	元	323.0	266.6	514.8	471.4	573.2	470.0	597.5	549.6
总成本	元	267.5	290.9	348.0	351.6	431.2	397.3	488.8	415.0
亩均净收益	元	67.8	－24.3	178.5	119.8	155.2	72.7	122.0	134.6
种植规模	亩	10.6	1839.2	11.8	1839.2	12.6	1839.2	12.6	1839.2
户均净收益	元	717	－44734	2104	220315	1956	133787	1538	247548

资料来源：中国数据来自于《全国农产品成本收益资料汇编》（2007～2012），种植规模来自于笔者根据农业部农研中心数据计算而得；美国数据来自于美国农业部网站：www.usda.com，其中美元根据每年 9 月人民币兑美元汇率中间价折算而得。下文中涉及的中美生产成本数据中除特别说明均与以上来源相同。

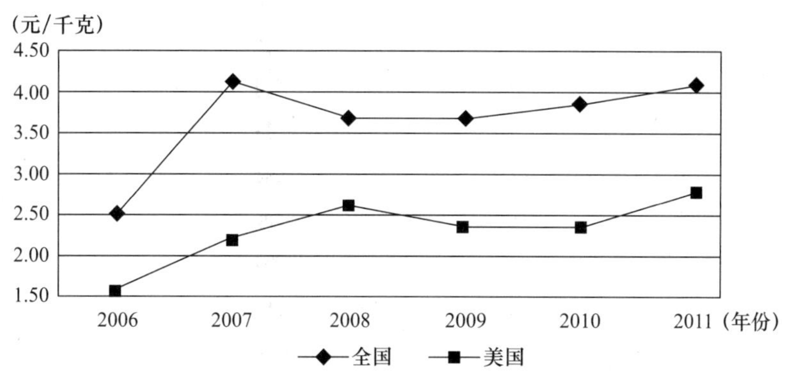

图 4－3 中美大豆生产者价格

（2）工资与地租是中国大豆生产成本增加的主要来源。根据大豆生产的主要过程将大豆生产成本划分为种子费用、中间物质投入费用（包括肥料及农药等化学品投入)、作业费(包括机械和人工投入)、地租及其他费用四项,根据中美大豆生产成本资料将其归纳成表4-20和表4-21。由两表可知,大豆生产过程中作业费比重最大,但在中美大豆生产实际中却有很大差异,其中中国大豆人工费用亩均136.4元,远高于美国的20元,但机械作业美国亩均121.4元,较中国的70.3元高出51.1元。从发展趋势来看,中国的作业费用由于人工费用的提高使其占比有所提高,美国则有所下降;地租在生产成本构成中仅次于作业费用,但在总成本的构成中呈上升态势,2011年中美地租分别占大豆生产成本的35.4%和33.9%。值得注意的是,尽管两国地租均呈上升趋势,但中国大豆地租上升速度远高于美国,2011年中国大豆地租较2006年高出97元/亩,而同期美国地租仅上升50.4元/亩;中国的物质投入比重明显下降,美国的物质投入则有明显提高,2006~2011年中美大豆亩均物质投入费用分别增加30.9元和36.6元,其中中国增加的主要是化肥和农药,而美国增加的主要是种子费用,这与美国种植的大豆基本上为转基因大豆有关①。

表4-21　中美大豆生产成本构成　　单位:%

指标名称	2006年		2008年		2010年		2011年	
	中国	美国	中国	美国	中国	美国	中国	美国
作业费	43.9	36.9	38.9	36.6	41.4	33.7	42.3	34.1
物质投入费	24.4	21.5	28.6	25.3	20.6	24.8	19.7	23.9
地租	28.4	31.0	30.4	28.1	35.0	33.2	35.4	33.9
其他费用	3.3	10.6	2.1	9.9	3.0	8.4	2.6	8.2
总成本	100.0	100.0	100.0	100.0	100.0	100.0	100.0	100.0

资料来源:同表4-20。

中美大豆种植户户均大豆净收益差距由于种植规模与单位面积净收益之间的差距变得更加悬殊。美国户均大豆种植面积高达1839亩,而中国规模经营最大的省份黑龙江大豆种植户户均大豆耕地面积仅有5亩,规模经营差距明显;受益于中国大豆出售的高价格,2011年以前中国大豆亩均净利润高于美国,但在2011年中美大豆相对价格差距有所减少,再加上中国大豆生产成本增加明显的情况下,中美大豆种植户户均大豆收益分别为1538元和247548元,后者为前者

① 根据美国农业部统计数据,2012年全美转基因大豆种植比例为93%,其中多为耐除草剂基因。

的161倍。由此可见，中美大豆种植户对大豆价格波动风险的承受能力上存在很大的差异。

表4-22　中美大豆生产成本结构变化　　单位：元/亩

指标名称	2006年		2008年		2010年		2011年	
	中国	美国	中国	美国	中国	美国	中国	美国
机械作业费	35.61	89.64	47.01	108.90	63.09	113.45	70.33	121.35
人工费	81.87	17.76	88.32	19.72	115.31	20.34	136.38	20.04
化肥农药费	44.39	28.78	65.06	42.73	59.03	36.52	64.86	41.07
种子费	20.84	33.79	34.37	46.40	29.92	61.93	31.29	58.11
地租	75.95	90.14	105.96	98.95	150.81	131.81	172.98	140.50
其他费用	8.87	30.80	7.27	34.95	13.04	33.26	12.93	33.93
总成本	267.53	290.92	347.99	351.64	431.20	397.30	488.77	415.00

资料来源：同表4-20。

4.5　中国大豆进口趋势分析

4.5.1　中国大豆需求趋势分析

根据大豆用途可分为食用大豆和油用大豆，当前我国食用大豆全部依靠自给，油用大豆则基本依托于进口。根据过去一段时期国内人均食用大豆和人均豆油消费量的平均增长率，我们可以预估将来一段时期人均大豆和人均豆油的消费量。中国未来一段时期的人口数据和城乡人口比例根据FAO估计所得，从而对2020年中国食用大豆和大豆油需求规模进行预测，假设大豆的平均出油率为18%，最终得到2020年全国大豆总需求规模。根据推算，截止到2020年我国食用大豆需求将达到1281.9万吨，油用大豆需求达到8746.2万吨，总需求规模将超过1亿吨，假设届时中国仅保证食用大豆需求部分，则需要进口8746.2万吨油用大豆。据美国农业部的预测，2020年中国大豆进口规模将达到8700万吨，与本书估计数据相近。

表 4 - 23　2006 ~ 2020 年中国大豆需求规模

单位：万吨、千克/人

年份	食用大豆	大豆油	人均食用大豆	人均豆油	油用大豆	大豆需求量
2006	815	805	6.2	6.1	4472.2	5287.2
2007	840	825	6.4	6.2	4583.3	5423.3
2008	870	850	6.6	6.4	4722.2	5592.2
2009	900	910	6.7	6.8	5055.6	5955.6
2010	950	1000	7.1	7.5	5555.6	6505.6
2011	980	1080	7.3	8.0	6000.0	6980.0
2012	1000	1140	7.4	8.4	6333.3	7333.3
2013	1050	1200	7.7	8.8	6666.7	7716.7
2015	1015	1377	8.0	10.0	7647.7	8662.3
2020	1282	1574	9.1	11.2	8746.2	10028.1

资料来源：2006 ~ 2013 年数据为笔者根据国家粮油中心数据整理所得，2015 年和 2020 年数据为笔者根据历史数据推算所得。

4.5.2　中国国产大豆供给趋势分析

国产大豆播种面积。1978 年我国大豆收获面积 7144 千公顷，之后在 20 世纪 80 年代不断增加，到 90 年代中期突破 8000 千公顷，在 90 年代后期维持波动状态，但在 2000 年超过 9000 千公顷，并且在 2005 年达到历史峰值 9591 千公顷。自此之后不断下滑，截止到 2012 年全国大豆收获面积降至 7200 千公顷，与 20 世纪 80 年代初的水平相当。

我国大豆单产水平在 20 世纪 90 年代中后期明显增加，到 2002 年单产达到 1893.3 千克/公顷，较 1978 年增长 78.8%，但在最近几年有所下降，2012 年全国大豆平均单产仅有 1750 千克/公顷，与 20 世纪 90 年代水平相当。

受大豆播种面积下降和单产水平停滞不前的影响，全国大豆产量由 2004 年的 1740 万吨的最高值降至 2012 年的 1260 万吨。由于大豆播种面积仍然具有进一步下滑的趋势，要维持国内食用大豆的自给，我们根据 2010 ~ 2012 年大豆的平均单产水平，计算得到 2020 年国产大豆播种面积的底线至少应保持 727 万公顷。

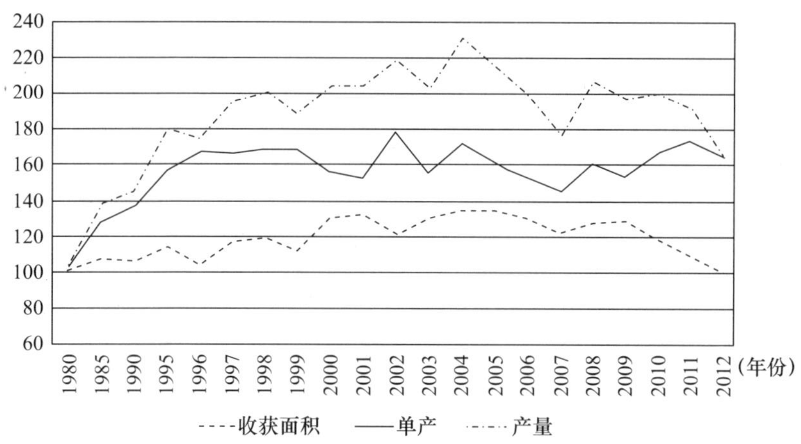

图 4-4　1978～2012 年中国大豆总产量、播种面积和单产水平（1978 年 =100）

资料来源：历年《中国农村统计年鉴》。

4.5.3　中国大豆主要进口来源国大豆出口潜力分析

从中国大豆主要进口来源国的大豆生产和出口情况来看，位于北美的美国大豆总产量长期位列世界第一，但 2009 年以来产量有所下降，并且在 2012 年被巴西反超，受总产量的影响美国大豆出口量一直稳步增加直至 2010 年后稍有下降，2012 年美国大豆共出口 3660.5 万吨，近年来出口占比长期在 45% 左右；巴西大豆产量增加趋势明显，由 20 世纪 80 年代的 1410 万吨增至 2012 年的 8100 万吨，其中出口量随着产量的增加不断增加，2012 年巴西大豆出口量超过美国，达到 3740 万吨，大豆出口占比接近一半；阿根廷与巴西同处南美洲，其大豆产量同样不断增加，但总产量相比于巴西较小，2012 年阿根廷大豆产量 5500 万吨，受到其国内大豆加工政策的影响，阿根廷大豆出口量较小且波动相对较大，出口占总产的比重远低于巴西和美国。

考察中国大豆主要进口来源国的产量和出口量不足以说明未来这些国家对中国大豆出口潜力。为此，我们根据 GAEZ 数据库[①]计算得到 2011 年巴西、美国和阿根廷适于耕种但尚未耕种的潜在耕地面积分别达 37528.1 万公顷、12339.5 万公顷和 5084.9 万公顷，大豆供给潜力巨大。

在世界范围内，除中国之外，欧盟作为第二大大豆进口经济体近年来大豆进

① http://webarchive.iiasa.ac.at/Research/LUC/SAEZ/index.html.

口量和国内消费量均呈现出双下滑的态势，这为中国大豆进口减少了外部竞争压力，同时也扩大了世界主要大豆生产国对我国大豆出口的空间。

表 4-24　中国大豆主要进口来源国大豆产量、出口量及出口占比

单位：万吨、%

年份	美国			巴西			阿根廷		
	产量	出口量	出口占比	产量	出口量	出口占比	产量	出口量	出口占比
1985	5712.7	2015.8	35.3	1410	118.7	8.4	730	254.1	34.8
1990	5241.6	1515	28.9	1575	247.8	15.7	1150	446.9	38.9
1995	5917.4	2310.8	39.1	2415	345.8	14.3	1248	210.3	16.9
1996	6478	2411	37.2	2730	842.4	30.9	1120	75.7	6.8
2000	7505.5	2710.3	36.1	3950	1546.9	39.2	2780	730.4	26.3
2005	8350.7	2557.9	30.6	5700	2591.1	45.5	4050	724.9	17.9
2006	8700.1	3038.6	34.9	5900	2348.5	39.8	4880	956	19.6
2007	7285.9	3153.8	43.3	6100	2536.4	41.6	4620	1383.9	30
2008	8074.9	3481.7	43.1	5780	2998.7	51.9	3200	559	17.5
2009	9141.7	4079.8	44.6	6900	2857.8	41.4	5450	1308.8	24
2010	9060.5	4084.9	45.1	7530	2995.1	39.8	4900	920.5	18.8
2011	8419.2	3706.3	44	6650	3631.5	54.6	4100	736.8	18
2012	8085.8	3660.5	45.3	8100	3740	46.2	5500	1200	21.8

资料来源：http://www.usda.gov/。

4.6　中国大豆生产政策分析

国务院《关于印发全国现代农业发展规划（2011～2015年）》将确保国家粮食安全作为最根本的原则，文件中提出要坚持立足国内实现粮食基本自给的方针，实行最严格的耕地保护和节约用地制度。文件中提出，要稳定发展油料生产，多油并举稳定食用植物油自给率。

《全国优势农产品区域布局规划（2008～2015年）》中对于大豆的总体规划是着力建设东北高油大豆、东北中南部兼用大豆和黄淮海高蛋白大豆三个优势区。其中，东北高油大豆优势区包括内蒙古东四盟和黑龙江的三江平原、松嫩平原第二积温带以北地区，东北中南部兼用大豆优势区包括黑龙江南部、内蒙古的通辽赤峰及吉林辽宁大部，黄淮海高蛋白大豆优势区包括河北、山东、河南、江苏和安徽两省的沿淮及淮河以北、山西西南地区。该规划还确立了发展国产大豆的主攻方向为统筹油用、粮用大豆生产协调发展，努力保证食用大豆供给，着力提高高油大豆自给率。具体包括恢复和扩大种植面积、提高单产水平和提升组织化和社会化服务水平。到 2015 年，优势区大豆种植面积达到 9776 万亩，占我国大豆总种植面积的 67.4%，比 2005～2007 年 3 年平均增加 800 万亩，其中，含油率 21% 以上的高油大豆面积达到 60% 以上，蛋白质含量 45% 以上的高蛋白大豆面积达到 30%；产量达到 1579 万吨，占全国的比重达到 72.6%；平均单产达到 161 公斤/亩，比 2007 年提高 64 公斤。

《全国农业和农村经济发展第十二个五年规划》在《全国优势农产品区域布局规划（2008～2015 年）》的基础上进一步确立了东北平原主产区以高油大豆为主的大豆产业带和黄淮海平原主产区以高蛋白大豆为主的大豆产业带的发展思路。《全国种植业发展第十二个五年规划（2011～2015 年）》提出，水稻、小麦、玉米三大粮食作物自给率达到 100%，大豆重点建设东北高油大豆、黄淮海高蛋白大豆、西南华南间套种食用大豆三大优势产区。

虽然以上各种政策均对大豆的发展做出了明确的规划，然而规划中的诸多目标都因大豆的大规模进口而无法实现，广义粮食自给率不断下降，大豆面积不断下滑，大豆单产水平徘徊不前。2013 年 12 月召开的中央经济工作会议明确提出要构建新形势下以我为主、立足国内、确保产能、适度进口、科技支撑的国家粮食安全战略。要做到谷物基本自给、口粮绝对安全，对于其他粮食和农产品，则要利用好两种资源、两个市场，适当增加进口，但要把握好进口的规模和节奏，防治冲击国内市场，给农民增收和国际市场带来影响。

综合以上政策取向变化趋势可以看到，国家始终将维护粮食安全特别是口粮安全作为农业生产的根本，尽管对国产大豆的发展做出了一系列规划并提出了目标，然而却由于不断增长的大豆需求和大豆进口难以实现。在此背景下，国家为保证谷物基本自给和口粮绝对安全而提出了适度进口的政策取向，因此，在大豆需求持续增长的形势下，为保证国家粮食安全、避免与粮争地，大豆等非口粮作物的进口仍将是大势所趋。

第 5 章 国内外大豆价格传导及对国内大豆播种面积的影响

进口大豆通过增加国内大豆供给使供给曲线右移，均衡价格随之降低，国内生产者收入减少。这里的均衡价格是由市场上直接交易的供给者和收购者共同决定的。大豆的需求者一般为大豆压榨和加工企业，供给者在国内表现为批发商，在国外表现为贸易商，此时达成的交易价格为批发价和进口价格，通过批发价再传导至生产者价格。为了说明大豆进口对国内外大豆价格联动性的影响，本章专门讨论大豆进口规模与大豆价格、大豆国际价格与国内批发价之间的关系及传导机制，以此说明大豆进口是如何影响了国内价格。

5.1 大豆进口数量与国内大豆价格

国际价格对国内价格的传导通过进口数量来对国内大豆价格形成影响。纵观历年来我国大豆进口绝对量以及占国内大豆比重均连年增加（见表 5 – 1），自 2000 年开始进口大豆数量就已经超过了国产大豆数量，之后进口大豆绝对数量继续增加，至 2012 年已经达到总消费量的 84.0%。大豆进口数量激增的同时国内大豆产量自 2000 年开始始终徘徊在 1500 万吨左右，至 2012 年下滑至 1280 万吨。

表 5 – 1 大豆进口量与产量

年份	进口量（万吨）	产量（万吨）	进口/国产（%）	进口/总消费量（%）
1978	197.2	761.1	25.9	20.6
1985	172.1	1051.2	16.4	14.1
1990	499.3	1100.8	45.4	31.2

续表

年份	进口量（万吨）	产量（万吨）	进口/国产（%）	进口/总消费量（%）
1995	1146.7	1351.1	84.9	45.9
2000	1578.7	1541.1	102.4	50.6
2001	1900.3	1540.7	123.3	55.2
2002	2041.5	1650.5	123.7	55.3
2003	3434.6	1539.3	223.1	69.1
2004	3687.1	1740.4	211.9	67.9
2005	3906.1	1635	238.9	70.5
2006	3951.6	1550	254.9	71.8
2007	4921.4	1272.5	386.8	79.5
2008	5418.6	1554.2	348.6	77.7
2009	5845.4	1498.1	390.2	79.6
2010	5967.3	1508	395.7	79.8
2011	6756.3	1448.5	466.4	82.3
2012	6722.2	1280	525.2	84.0

资料来源：2009年及之前大豆进口量来源于FAO，2009年之后数据来源于国家粮油信息中心，大豆进口量包括按照折算系数换算后的进口大豆油。

根据图3－1的分析可知，当一个相对封闭的不具比较优势的农产品市场开放后，供给曲线右移，均衡价格下降，国内总消费量增加，国内产量减少，因此国内生产者收入因此降低。从农户大豆出售价格与其他粮食作物出售价格相比较来看，除了2001～2003年刚加入WTO和2007年世界粮食危机外，其余时间里农户大豆的相对出售价格均是下降的；在油料作物里，将大豆与花生的出售价格相比，除了2002～2003年和2007～2008年大豆与花生稍微提高少许外，其余年份里大豆的相对出售价格均处于下降趋势，同样进口数量较多的油菜籽出售价格在2007年之前与大豆比价呈下降状态，而2007年后大豆与油菜籽出售价格比下滑明显。由此可见，随着大豆进口数量的增加，一方面导致国内大豆产量降低，另一方面国内继续从事大豆生产的农户出售价格下降，生产者福利因此受损。

表 5－2　2001～2012 年国内主要农产品生产者价格　单位：元/50 公斤

年份	粳稻	小麦	玉米	大豆	花生	油菜籽
2001	52.92	52.51	48.34	96.76	114.98	90.35
2002	57.27	51.25	45.6	110.45	129.01	92.28
2003	68.21	56.42	52.74	147.23	165.04	118.42
2004	85.46	74.47	58.06	141.02	175.45	135.72
2005	88.37	69.01	55.53	128.37	166	112.28
2006	89.76	71.61	63.39	125.76	197.56	116.82
2007	87.05	75.58	74.76	207.05	287.87	175.55
2008	93.39	82.76	72.48	184.26	208.18	256.69
2009	105.81	92.41	82.01	184.17	266.7	176.46
2010	136.86	99.01	93.62	193.61	299.35	199.91
2011	143.18	103.95	106.07	204.17	352.49	230.12
2012	145.98	108.31	111.13	236.39	384.19	246.97

资料来源：《全国农产品成本收益资料汇编》2002～2012 年各年。

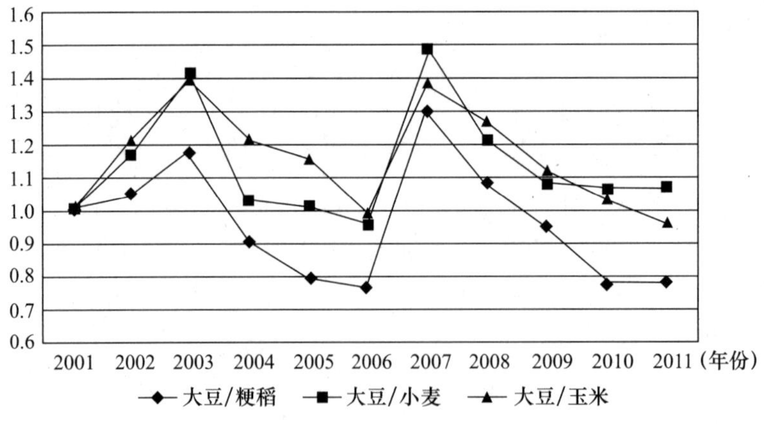

图 5－1　大豆与主要粮食作物生产者出售比价关系

资料来源：笔者计算所得，以 2001 年为定基 1。

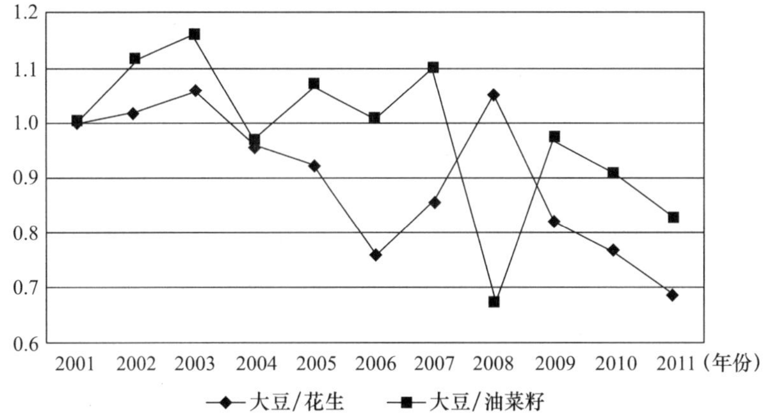

图5－2 大豆与主要油料作物生产者出售比价关系

资料来源：笔者计算所得，以2001年为定基1。

5.2 大豆进口规模与生产者收入分配

截至2012年，中国进口大豆6000万吨，其中5900万吨用来榨油，满足了国内消费者对日益攀升的食用油消费以及饲用蛋白的需求。为了对比进口大豆对消费者福利改进以及生产者福利的影响，我们做一简单的静态比较分析。

以图3－1为例，假设进口大豆使国内消费价格降低10%，以2011年计算，国内共消费大豆7000万吨，其中国产1448万吨。以2011年农户出售价格2.04元/斤计算，进口商少支出285.6亿元，国内生产者收入减少59.1亿元，国内总收益增加226.5亿元。如果分人群来看，假设全国所有的消费者全部消费大豆，则人均增加福利20.4元；对于生产者，按照2011年亩均产量及总产量，假设户均大豆播种面积为10亩，则每户受到的福利损失达到597元。

由此可见，尽管大豆进口可能增加了国内的整体福利，却会使生产者福利受损严重，进而拉大收入分配差距。

5.3 数据来源及研究方法

文中所用批发市场价格和国际市场价格为月度数据，其中国内大豆批发价格数据来源于 Wind 数据库中的郑州粮食批发市场，国际价格来源于 IMF 价格数据库，数据时间区间为 1998 年 1 月到 2012 年 10 月，共 178 个样本。期货价格采用大连期货交易所中的黄大豆 1 号①以及美国 CBOT 大豆的日收盘价，其中黄大豆 1 号数据时间区间为 1999 年 1 月 4 日至 2012 年 11 月 9 日，剔除节假日缺失数据后总样本 3232，黄大豆 2 号数据区间为 2004 年 12 月 22 日至 2012 年 11 月 9 日，完整样本数 1853。

对于国内外价格之间关系的研究多采用协整分析方法来检验市场间的整合程度。早期的研究多发现国内外粮食价格的整合程度并不高（张巨勇等，1999；武拉平，2000）。随着近年来经济全球化的渗透，近期的研究表明国内外农产品市场间的整合程度有所提高。王孝松等（2012）研究发现，国际农产品对国内价格不仅具有统计上的显著作用，还具有经济上的意义。周应恒等（2007）对中国、日本、美国三国大豆期货市场价格的研究指出三个市场存在整合关系，但美国大豆期货市场在全球大豆期货定价中扮演主导地位。罗锋等（2009）研究发现国际农产品价格对国内影响显著，期货价格之间的传递明显快于进口价格对国内市场的影响。

本书不同于以往文献之处在于：研究内容并非仅仅针对于国外价格对国内价格的影响，而是从动态的视角考察国内外期货价格、国际市场价格以及国内批发价格之间的关联，更能说明价格之间的传导机理。此外，上述文献中所用数据参差不齐，无法区分是批发市场价格还是零售价格，时间跨度也相对较小。本书所用国内数据明确为批发市场的油脂用大豆，时间样本更长，更有利于发现价格传导过程中的动态变化。

本书首先采用向量误差修正模型（ECM）来对国内外大豆价格的协整关系进行研究，具体模型表达式形如：

---

① 黄大豆 1 号期货为非转基因大豆，基本全部由国内生产，与黄大豆 2 号（转基因大豆）具有明显区别。

$$\Delta P_t^d = \alpha_0 + \alpha_1 E_{t-1} + \sum_{i=t-l}^{l} \alpha_i \Delta P_i^d + \sum_{j=t-k}^{k} \alpha_j \Delta P_j^f + \varepsilon_t^d \quad (5-1)$$

$$\Delta P_t^f = \beta_0 + \beta_1 E_{t-1} + \sum_{i=t-l}^{l} \beta_i \Delta P_i^d + \sum_{j=t-k}^{k} \beta_j \Delta P_j^f + \varepsilon_t^f \quad (5-2)$$

其中，ΔP_t^d 和 ΔP_t^f 分别表示国内大豆价格和国际大豆价格，E 为误差修正项（Error Correction Term），ε_t^d 和 ε_t^f 代表残差项，α 和 β 为回归系数。若 α_1 显著则表示国际大豆价格长期对国内大豆价格具有格兰杰因果关系，若 α_j 显著则表示国际大豆价格在短期内对国内大豆价格有影响；同理，若 β_1 显著则表示国内价格长期对国际大豆价格具有格兰杰因果关系，若 β_i 显著则表示国内大豆价格在短期内对国际大豆价格有影响。L 和 K 分别表示滞后项，具体数值由赤池信息准则（AIC）和显著性水平共同决定。由于长期与短期只是一个相对的概念，因此通过测度不同时间区间内的相互关系可以得到国内外价格影响程度的动态变化过程。

5.4　国内外大豆价格协整关系检验

在进行模型回归之前首先需要建议国内外大豆价格是否存在协整关系。通过 ADF 对国内外期货价格是批发价格检验后发现水平值均非平稳，一阶差分后则均拒绝存在单位根的假设（见表 5-3）。

表 5-3　价格数据 ADF 平稳性检验

价格类型	时间区间	t 值	P 值	是否平稳
国内期货价	1999-01-04～2012-11-09	-1.2	0.7	拒绝
国际期货价	1999-01-04～2012-11-09	-1	0.8	拒绝
国内批发价	1998-01～2012-10	-0.8	0.8	拒绝
国际价格	1998-01～2012-10	-1.1	0.7	拒绝
取一阶差分后				
国内期货价	1999-01-04～2012-11-09	-30.5	0	不能拒绝
国际期货价	1999-01-04～2012-11-09	-59.8	0	不能拒绝
国内批发价	1998-01～2012-10	-11.2	0	不能拒绝
国际价格	1998-01～2012-10	-9.2	0	不能拒绝

在时间序列中，单个序列的水平值经常存在单阶积整，但两者的某种线性组合却可能是零阶积整，通过对价格数据的对数形式进行 Johansen 协整检验后发现国内外价格间均存在协整关系（见表 5 -4）。

表 5 -4　协整关系检验

	Hypothesized：No. of CE（s）	Eigenvalue	Trace Statistic	0. 05 Critical Value	P 值
期货价格	None *	0. 087063	16. 80724	15. 49471	0. 0316
批发价格	None *	0. 00693	23. 20054	15. 49471	0. 0028

进一步对价格间的因果关系和影响强度进行 ECM 模型分析，其中所有的价格数据均采用对数化的形式。估计结果如表 5 -5、表 5 -6 所示。

表 5 -5　国内外大豆期货价格 VEC 估计

时间区间	因变量	协整向量	误差修正项	t 值
全部	国际期货价格	1. 0	-0. 01 ***	-2. 54
	国内期货价格	-1. 4	0. 01 ***	3. 75
1999 年	国际期货价格	1. 0	-0. 09 ***	-3. 83
	国内期货价格	-0. 6	-0. 01	-0. 3
2001 年	国际期货价格	1. 0	-0. 02	-0. 9
	国内期货价格	-0. 9	0. 05 ***	2. 43
2002 年	国际期货价格	1. 0	0	0. 27
	国内期货价格	-2. 1	0. 02 ***	2. 73
2003 年	国际期货价格	1. 0	-0. 01	-0. 81
	国内期货价格	-0. 6	0. 03 **	2. 25
2004 年	国际期货价格	1. 0	-0. 05 ***	-2. 34
	国内期货价格	-2. 3	0. 01	0. 98
2005 年	国际期货价格	1. 0	-0. 03	-1. 24
	国内期货价格	-1. 5	0. 03 **	2. 03
2006 年	国际期货价格	1. 0	0	0. 33
	国内期货价格	-2. 1	0. 02 ***	2. 44

续表

时间区间	因变量	协整向量	误差修正项	t 值
2007 年	国际期货价格	1.0	-0.06***	-2.26
	国内期货价格	-1.0	0.01	0.35
2008 年	国际期货价格	1.0	-0.07***	-2.09
	国内期货价格	-1.1	0.01	0.55
2009 年	国际期货价格	1.0	-0.04***	-2.67
	国内期货价格	1.7	0	0.6
2010 年	国际期货价格	1.0	0.02***	2.55
	国内期货价格	-4.7	0.01***	2.49
2011 年	国际期货价格	1.0	0	-0.5
	国内期货价格	-6.2	0.02***	3.22
2012 年	国际期货价格	1.0	0.03***	1.74
	国内期货价格	-2.6	0.04***	3.05

注：**、*** 分别表示在 5% 和 1% 水平上显著。

表 5-6　国内大豆批发价格与国际大豆价格 VEC 估计

协整向量	LOG(P_2(-1))	LOG(P_1(-1))
CointEq1	1	-1.539493
Error Correction	D(LOG(P_2))	D(LOG(P_1))
CointEq1	-0.047884	0.128552
D(LOG(P_2(-1)))	0.373683	0.165026
D(LOG(P_1(-1)))	-0.007629	-0.01954
C	0.002767	0.001633
R-squared	0.116131	0.220861
Adj. R-squared	0.100714	0.207272
F-statistic	7.532962	16.2522

注：P_1、P_2 分别表示国内批发价格与国际价格。

由表 5-5 得知，在整个样本期间内，国际期货价格上涨 1%，则国内期货价格上涨 1.36%，国际大豆期货价格与国内大豆期货价格互为格兰杰因果关系。从分年度动态变化过程来看，国际期货价格对国内期货价格的影响程度在变大，特别是在2010年后呈现出明显的放大效应，这说明随着中国进口大豆规模的扩大，国内大豆价格受全球化影响的程度在加深。从格兰杰因果关系来看二者并没有固定的规律，在1999年国际大豆期货市场价格并非国内大豆期货价格的格兰杰因果原因，之后6年里除了2004年外，国际大豆期货价格均是国内期货价格的格兰杰因果原因，2007年后的4年再次呈现出国内外期货价格倒挂的现象，直至2012年互为因果关系。

根据国内大豆批发价格与国际大豆价格之间的ECM分析结果，国际大豆价格是国内大豆价格的格兰杰原因，国际大豆每涨1%，则国内价格上涨1.54%。由期货价格和现货价格的ECM回归结果可以得知，大豆的国际价格对国内大豆价格具有直接的影响，且存在“超整合状态”，这说明除国际价格对国内大豆的影响之外还有其他因素对大豆价格起作用（王孝松等，2012）。

5.5 大豆价格脉冲响应及方差分解结果

脉冲响应函数用来衡量在向量自回归模型中，给随机扰动项一个标准差的冲击（Shock）后，依据变量间的动态变化关系判断冲击对变量当前值以及将来值的作用大小以及时滞（罗锋等，2009）。该函数假设系统仅受单一变量的冲击，其他条件保持不变。方差分解是在脉冲响应函数冲击的基础上衡量系统各变量对预测均方差所做的贡献。

5.5.1 大豆期货价格的脉冲响应及方差分解

由图5-3可以看出，由国际期货价格一个标准差的冲击造成国内价格迅速正向波动，在滞后4期达到0.0062个标准差后开始呈现拖尾现象，由此可见国际期货价格对国内的影响呈正向波动，并且主要在前四期比较明显，之后时滞效果明显。

利用蒙特卡洛5000次模拟方差分解结果显示，国内期货价格由国际期货价格引起的效应呈现明显的滞后效应，在初期国内期货价格由自身引起。但国际期货价格变动对国内期货价格的影响呈先快后慢的态势，通过1000个时期的模拟结果表明最终国际大豆期货价格对国内大豆期货价格的影响在70%左右。

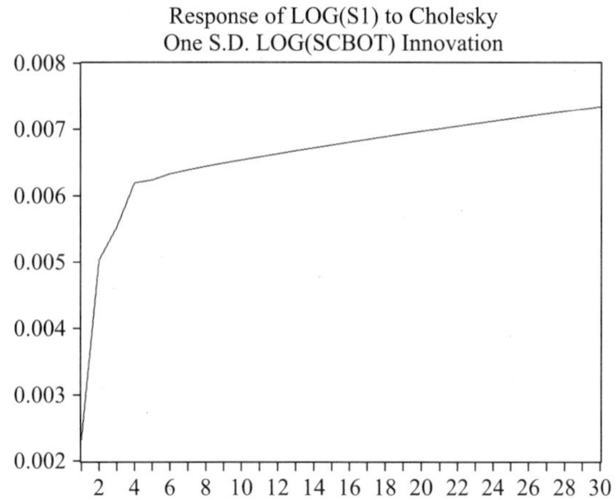

图 5 -3　国际期货价格对国内期货价格冲击的脉冲响应结果

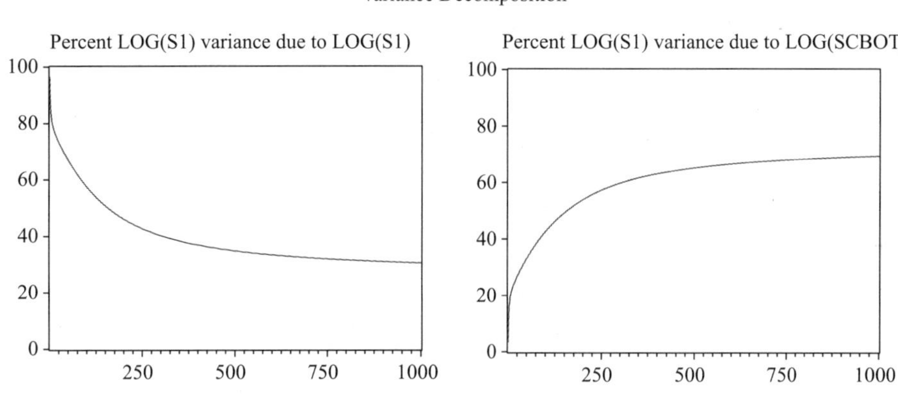

图 5 -4　期货价格方差分解

5.5.2　大豆批发价格的脉冲响应及方差分解

国际大豆价格对国内大豆批发价格的脉冲响应结果显示，对国内大豆批发价格一个标准差的正向冲击在滞后 4 期内变化相对较快，超过 0. 03 个标准差，最终收敛于 0. 05 个标准差，冲击的时滞在 1 ~ 1. 5 年，冲击的效果呈现先强后弱的状况（见图 5 -5）。

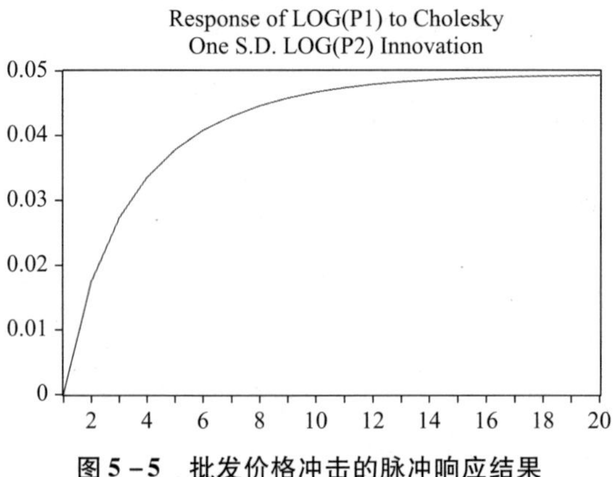

图 5－5　批发价格冲击的脉冲响应结果

进一步的方差分解结果显示，国际大豆价格对国内大豆批发价格的影响将超过70%。这说明国际大豆价格对国内大豆价格的冲击是长期的且深远的（见图5－6）。

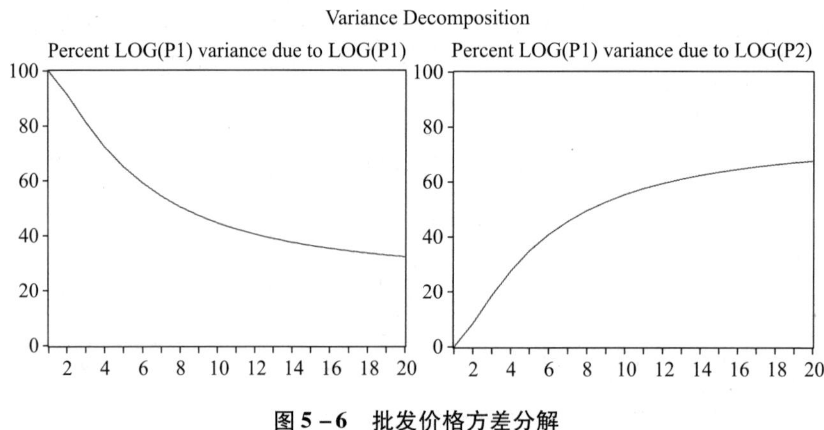

图 5－6　批发价格方差分解

5.6　本章小结

从理论上来讲，开放农产品市场后，对于不具备比较优势的农产品必然会受到进口农产品的冲击。本章首先对国内外大豆期货市场价格的动态整合关系进行

验证后发现，国际大豆期货价格对国内期货大豆价格影响在加深，对国内外大豆批发价格的研究同样验证了国际大豆价格变动是国内大豆价格变动的格兰杰原因，国际市场价格每上涨 1%，则国内大豆价格上涨 1.54%。通过脉冲响应函数和方差分解对国内外大豆期货价格和批发价格的影响进行分析后得出，国际价格对国内价格的影响均呈现出先强后弱的趋势。长期来看，国际价格一个标准差的波动对国内价格冲击的影响能够达到 70%。总体来看，农产品市场开放后，首先通过市场的整合使得国内农产品市场价格降低，农户生产者价格随之降低，农户收入减少，虽然社会的整体福利增加，但却会拉大农户的收入分配差距。若要避免农产品进口带来的收入减少，唯有通过种植结构调整或者扩大经营规模来达到，为了了解大豆价格与大豆播种面积的相关关系，下一章将重点就大豆进口对国内大豆供给反应弹性进行实证研究。

第6章　中国大豆供给弹性研究

大豆进口对国内种植结构以及农户收入的影响首先通过农户对大豆进口的供给反应来表现。一个地区的农户供给反应弹性越大，说明该地区进行种植结构调整的幅度越大，该地区农户受进口大豆冲击所带来的影响就相对较小；反之，供给弹性越小则表示种植结构调整比较困难，其农业收入受进口影响越大。

6.1　宏观供给反应模型

农户面对外部冲击进行生产调整时会面临调整成本，Griliches 将调整成本细分为货币调整成本和心理调整成本，并满足以下二项式（王德文、黄季焜，2001）：

$$\text{Min } C_t = a(A_t - A_t^*)^2 + b(A_t - A_{t-1})^2 \quad (6-1)$$

其中，a、b 分别表示心理调整成本和货币调整成本系数，A_t、A_{t-1} 为当期和上期播种面积，A_t^* 为预期播种面积，对当期播种面积 A_t 求导，得到：

$$\partial C_t / \partial A_t = 2a(A_t - A_t^*) + 2b(A_t - A_{t-1}) = 0 \quad (6-2)$$

化简得到：

$$A_t - A_{t-1} = \rho(A_t^* - A_{t-1}) + \varepsilon_{1it} \quad (6-3)$$

其中，ε_{1it} 为误差项，则：

$$\rho = a/(a+b) \quad (6-4)$$

在幼稚价格预期模型（Naive Model）中假设面积为价格的函数，预期价格直接为上一期价格，

$$A_t^* = \alpha_0 + \beta P_t^* + \varepsilon_{2it} \quad (6-5)$$

$$P_t^* = P_{t-1} \quad (6-6)$$

ε_{2it} 为误差项。

适应性价格预期模型（Adaptive Model）假设农户会根据经验对预期价格作出调整，即：

$$P_t^* - P_{t-1}^* = \gamma(P_{t-1} - P_{t-1}^*),\ 0 \leq \gamma \leq 1 \tag{6-7}$$

由式（4-9）、式（4-11）、式（4-13）得到大豆供给反应函数，

$$A_t = \pi_0 + \pi 1 P_{t-1} + \pi_2 A_{t-1} + \pi_3 A_{t-2} + \varepsilon_{2it} \tag{6-8}$$

其中，$\pi_0 = \alpha\rho\gamma$，$\pi 1 = \beta\rho\gamma$，$\pi_2 = (1-\rho)+(1-\gamma)$，$\pi_3 = (1-\rho)(1-\gamma)$

在式（4-14）中，π_1 为短期供给反应系数，$\frac{\pi_1}{1-\pi_2-\pi_3}$ 为长期供给反应系数。

在实际生产过程中，农户做出生产决策的依据并非农产品的绝对价格而是相对收益以及生产过程中的风险与其他促进生产变量（Kanwar，2006）。根据这一判断，式（6-5）变为：

$$A_t^* = \alpha_0 + \alpha_1 \prod\nolimits_{it}^* + \alpha_2 Z_{it} + \varepsilon_{2it} \tag{6-9}$$

$\prod_{it}^*$ 为 t 期的预期相对收益，Z_{it} 表示风险和其他影响生产的变量。据此，得到新的农户生产供给反应模型：

$$A_t = \theta_0 + \theta_1 A_{t-1} + \theta_2 \prod\nolimits_{it}^* + \theta_3 Z_{it} + \upsilon_{it} \tag{6-10}$$

其中，$\theta_0 = \rho\alpha_0$，$\theta_1 = 1-\rho$，$\theta_2 = \rho\alpha_1$，$\theta_3 = \rho\alpha_2$，$\upsilon_{it} = \rho\varepsilon_{1it} + \varepsilon_{2it}$

对于预期相对收益 $\prod_{it}^*$ 的估计，参考 Kanwar（2006）的做法，将 t 期的预期相对收益转化为过去 3 年收益的移动平均收益。

通过面积供给反应模型我们可以得到大豆播种面积的短期供给弹性和长期供给弹性，但与此同时对于价格和收益的变化，农户可能会通过调整要素的投入量来应对价格的变化。对于产量的供给反应函数，沿用面积供给反应的原理，只是在其他外省变量 Z_{it} 中存在差异。

$$Y_t = \theta_0 + \theta_1 Y_{t-1} + \theta_2 \prod\nolimits_{it}^* + \theta_3 Z_{it} + \mu_{it} \tag{6-11}$$

式中，Y_t 为 t 年的产量，$\mu_{i,t}$ 为白噪声序列，其他变量同上。

在面积供给反应函数中，Z_{it} 表示预期相对收益外的变量，衡量风险的变量包括价格风险和产量风险，价格风险用当期价格与前两期价格的变异系数来代表，产量风险是由单产水平所决定，而影响单产水平的影响因素包括种子、肥料投入、技术水平等诸多要素。一般来讲，在技术水平相对恒定的情形下，单产的波动主要受自然条件的影响，此处用当期和前两期单产的变异系数来表示。衡量生产条件的变量有有效灌溉面积、劳动力成本。在产量供给反应函数中，外生变量

Z_{it}除面积供给反应中包括的变量外，还应加入农资投入变量。

6.2 数据来源与描述性统计

新中国成立以来，农村市场化改革发端于20世纪80年代初，故本书将研究区间集中在1983~2011年，由于变量中有需要前期变量作为基础数据的变量，因此对面积与产量的供给反应始于1985年。所用数据来自于历年《中国农村统计年鉴》及《全国农产品成本资料汇编》。我国大豆生产最集中的地区主要为东北产区和黄淮海产区，东北产区主要为松嫩辽平原和三江平原，在黄淮海流域则主要为黄淮平原，产量历年最多的省份主要为黑龙江、吉林、辽宁、河北、山东、河南、江苏和安徽8省（全国农业区划委员会，1989），因此在截面的选取上，本书根据全国主要的大豆生产省份结合《全国农产品成本效益资料汇编》中已经纳入统计的省份的原则，分别选择黑龙江、吉林、内蒙古、辽宁、河北、安徽、山东、河南和陕西作为截面，为便于比较和去除异方差，所有的数据均经过对数化处理。为了便于比较供给弹性，我们除计算大豆的供给弹性外，还包括主要的粮食、油料和棉花。描述性统计结果如表6-1所示，其中括号外为均值，括号内为标准差。

表6-1　全国主要农作物供给反应函数变量描述

	大豆	稻谷	小麦	玉米	油料	棉花
面积 （千公顷）	8454.1 (791.2)	30675.2 (1746.5)	27202.2 (3080.3)	23978.1 (4317.6)	12427.7 (1791.4)	5226.2 (784.9)
产量 （万吨）	1356.7 (237.1)	18325.4 (1081.5)	10020.5 (1158.9)	11518.2 (3444.9)	2247.8 (708.5)	512.3 (119.4)
单产 （千克/亩）	116.5 (19.5)	415.9 (28.0)	269.9 (63.9)	371.2 (50.9)	127.2 (35.2)	68.8 (9.9)
每百斤价格 （元）	106.9 (55.4)	58.1 (32.1)	54.6 (25.7)	46.3 (25.2)	140.4 (69.0)	491.7 (258.1)
亩均净利润 （元/亩）	94.3 (47.4)	174.8 (95.1)	69.4 (53.9)	112.8 (68.4)	138.0 (100.9)	253.7 (190.9)

续表

	大豆	稻谷	小麦	玉米	油料	棉花
亩均净产值（元/亩）	196.5 （115.2）	345.9 （202.4）	187.2 （128.2）	258.2 （168.8）	289.8 （207.6）	603.8 （391.9）
产量风险	0.058 （0.045）	0.020 （0.0125）	0.046 （0.036）	0.037 （0.019）	0.064 （0.037）	0.076 （0.084）
价格风险	0.125 （0.084）	0.129 （0.098）	0.109 （0.079）	0.127 （0.085）	0.181 （0.111）	0.151 （0.128）
农资投入（元/亩）	196.5 （115.2）	345.8 （202.4）	187.2 （128.2）	258.2 （168.8）	289.8 （207.6）	603.8 （391.9）
劳动力成本（元/亩）	64.6 （34.9）	131.4 （78.3）	86.4 （52.3）	109.3 （69.6）	122.1 （84.0）	296.9 （205.3）

资料来源：中国农村统计年鉴，1983～2012。

6.3　基于Nerlove模型的固定效应结果

首先给出全国大豆供给反应的面板数据回归结果，根据表6－2中Wald与Hausman检验结果，此处选用固定效应回归。为便于比较价格、绝对收益和相对收益对大豆供给反应弹性的影响，表6－2给出了分别以大豆价格、纯收益和相对收益作为解释变量的Nerlove回归结果。

表6－2　全国大豆供给反应固定效应回归结果

	回归1		回归2		回归3	
	系数值	t值	系数值	t值	系数值	t值
AREA（－1）	0.824***	11.607	0.881***	12.629	0.885***	13.017
AREA（－2）	0.091	1.240	0.015	0.219	0.026	0.387
PRICE（－1）	－0.060***	－2.703	—	—	—	—
PROFIT（－1）	—	—	－0.002	－0.188	—	—
RF（－1）	—	—	—	—	0.021**	1.969
C	0.805***	3.966	0.647***	3.094	0.549***	2.761

续表

	回归 1		回归 2		回归 3	
	系数值	t 值	系数值	t 值	系数值	t 值
HB—C	-0.056		-0.063		-0.063	
NM—C	0.066		0.062		0.089	
LN—C	-0.091		-0.099		-0.096	
JL—C	-0.018		-0.019		-0.024	
HLJ—C	0.177		0.208		0.183	
AH—C	0.046		0.049		0.044	
SD—C	-0.068		-0.073		-0.073	
HN—C	-0.006		-0.002		-0.005	
SX—C	-0.050		-0.063		-0.056	
Adjusted R-squared	0.960		0.958		0.959	
Prob（F-statistic）	0.000		0.000		0.000	
Wald 检验						
$\chi2$	17.161		19.187		21.097	
prob. >$\chi2$	0.029		0.014		0.007	
Hausman 检验						
$\chi2$	16.828		18.873		20.863	
prob. >$\chi2$	0.001		0.000		0.000	
短期供给弹性	—		—		0.021	
长期供给弹性	—		—		0.236	

其中，AREA、PROFIT、LABOUR、IR、VARP、VARY、C 分别表示播种面积、亩均净收益、亩均劳动力成本、有效灌溉面积、价格风险、单产风险和常数项。***、**、*分别表示在1%、5%和10%显著性水平，HB、NM、LN、JL、HLJ、AH、SD、HN、SX 表示为地区，分别代表河北、内蒙古、辽宁、吉林、黑龙江、安徽、山东、河南和陕西。下同。

从模型整体回归效果来看，三种回归均十分显著，但在个别回归系数上存在较大差异。滞后一期的播种面积均在1%水平上显著，滞后两期播种面积均不显著。值得注意的是，回归1中价格的系数为负且十分显著，这意味着上期大豆价格越高反而导致下期播种面积越小，这不符合经济学的基本供给原理，用大豆纯收益替代价格后系数仍然为负且不显著。在实际农业生产中，农户往往是在多种作物中间选择，在考虑各种因素后做出最符合自身利益的均衡决策。在国内，大豆的主要竞争作物为玉米，农户在考虑是种植大豆还是玉米时，比较的并不是单

种作物的绝对收益而是相对收益，在回归3中进一步将大豆与玉米的亩均收益比作为解释变量纳入模型，用相对收益比较的原因是能够将大豆与玉米的产量变化差异和价格差异同时用收益来表示，更能够反映种植决策实际。模型3的回归结果显示，相对收益的系数为正且在5%水平上显著，大豆与玉米的相对收益每降低1%，则下期的大豆播种面积减少0.021%，长期供给减少0.236%。就生产实际来看，2011年全国大豆生产面积较2000年减少15.2%，同期大豆与玉米的相对收益减少80.5%，与模型估计结果比较相近。

上述Nerlove模型回归结果显示滞后两期的播种面积均不显著，且价格项存在明显的方向错误，因此有必要重新检讨模型的设定问题。在Nerlove模型中假设，农户仅仅将过去一期的价格作为下期价格的预期，并且价格和上期播种面积是决定供给因素的因素。Kanwar（2006）就指出农户的生产决策依据除了相对收益外，还有生产过程中的风险与其他促进生产变量。刘莹、黄季焜（2010）在研究中国农户的种植决策考虑的因素时也指出农户的种植决策目标除传统的利润最大化之外，还有减少劳动投入与规避风险的诉求。因此，为了全面考察种植结构变化的原因和机理，需要对模型（6-11）做进一步的估计。

6.4 基于扩展的Nerlove模型回归结果

为衡量收益对种植结构的影响，分别用大豆的绝对收益和相对收益来进行回归考察，劳动力投入成本作为费工费时对种植结构影响考虑。风险方面，分别利用过去3年大豆价格和大豆单产的变异系数均值表示价格风险和产量风险，将有效灌溉面积纳入面积供给反应模型，此外在产量供给模型中进一步纳入生产资料投入量。由于不同地区的资源禀赋条件存在较大的差异，因此种植结构不尽相同，为了对大豆供给弹性有一个可供比较的参照，以下实证分析同时比较我国主要的粮食作物和经济作物。

6.4.1 全国大豆与主要农作物面积供给反应结果

基于绝对净收益的农作物播种面积供给反应计量结果表明，模型整体回归结果均良好，为避免时间序列回归可能出现的自相关问题，模型选用广义线性回归方法（GLS）进行估计。在所有变量中对于农作物播种面积供给反应最为显著的变量为面积的滞后项，仅有玉米的滞后项并不显著且系数最小，其他作物的系数均在1%水平上显著，其值大小依次为0.869、0.746、0.72、0.625、0.548、0.434和0.263，反映出这几种农作物的路径依赖性最大的依次为小麦、稻谷、大豆、花生、油菜籽、棉花和玉米，滞后项之间的明显差异在一定程度上说明农作物结构调整的滞后效应与作物类型具有很大的关系。

在粮食作物中（见表6-3），大豆供给反应模型中系数显著的有滞后一期播种面积和价格风险，大豆的纯收益项系数为正但并不显著，其短期供给反应弹性但低于玉米但高于稻谷和小麦，长期供给反应弹性高于玉米但低于小麦和稻谷，这说明价格方面的影响对传统粮食作物的短期供给并不会造成很大影响，由于我国对粮食安全的重视，各地在水稻和小麦生产中给予的各种补贴政策力度可能要远远大于大豆。小麦和水稻的长期供给弹性大于大豆，可能的原因是小麦和水稻的种植面积远大于大豆，其长期可供调整的空间更大。具体来看，当大豆净收益减少1%，则下期大豆播种面积会减少0.12%，长期面积供给减少3.51%。收购价格波动性每增加1%会导致下期播种面积减少0.038%，由此可见，价格风险的增加会抑制大豆播种面积的扩大。劳动力成本对大豆播种面积具有抑制作用，灌溉面积的提高有助于扩大大豆播种面积。在粮食作物中，除大豆的纯收益对播

表6-3 基于绝对净收益的粮食作物播种面积供给反应实证结果

相对作物	大豆		稻谷		小麦		玉米	
	系数	z值	系数	z值	系数	z值	系数	z值
AREA（-1）	0.658***	2.800	0.746***	6.748	0.869***	13.529	0.263	1.448
PROFIT（-1）	0.120	0.947	0.097***	2.810	0.080***	3.572	0.190***	4.356
LABOUR（-1）	-0.158	-1.074	-0.081**	-1.937	-0.069**	-2.438	-0.132***	-3.328
IR	0.495	0.835	0.027	0.159	-0.189	-1.067	0.889***	2.731
VARP（-1）	-0.038*	-1.626	0.004	0.515	0.012	1.453	-0.033**	-2.168
VARY（-1）	0.021	0.825	0.006	0.731	0.003	0.653	-0.002	-0.340
C	-2.187	-0.334	3.433*	1.692	3.314	1.499	-2.706	-1.163
R^2	0.267		0.867		0.964		0.945	
Prob	0.058		0.000		0.000		0.000	
LR值	15.092		169.676		676.397		435.556	
短期供给弹性	0.120		0.097		0.080		0.190	
长期供给弹性	0.351		0.382		0.611		0.258	

注：*、**、***分别表示在10%、5%、1%水平上显著，以下同。

种面积的影响并不显著外，其他粮食作物系数均在1%水平上显著，这显示出市场收益对粮食生产的直接刺激作用。在我国，对大豆替代作用明显的作物主要是玉米，对其播种面积供给反应影响显著的分别为净收益、劳动力成本、有效灌溉面积和价格风险，这与生产实际相符合，随着近年来劳动力成本的上升，农业生产逐渐趋向于劳动力节约型发展，并且随着农业基础设施的改善，玉米所需的劳动力数量明显减少且玉米对地域的适用性较强，在全国绝大部分地区均可种植，只要满足一定的生产条件就可广为种植，故玉米对灌溉面积的反应强度最大，每增加1%的有效灌溉面积会使得玉米播种面积增加0.89%。

大豆与经济作物的比较（见表6-4）可以发现，播种面积的滞后效应对大豆的影响高于其他经济作物，绝对净收益对大豆的影响高于油料作物和棉花，但该项在大豆和油料作物中并不显著，这可能与我国大豆和油料产区比较集中有关，种植的集中性越强往往越难以进行结构的调整，即使净收益减少，农户在短期内也无法进行种植结构的调整，这是因为生产的集聚性与自然条件密切相关，自然条件制约越严重的地区，其供给弹性越小，播种面积受收益变化的影响越不显著。棉花播种面积受劳动力制约效果明显，劳动力成本每上升1%，则会减少0.184%的播种面积。与其他农作物明显区别的是，劳动力成本对花生和油菜籽供给均呈正相关，劳动力成本越高反而会增加种植面积，可能的解释是，在我国

表6-4 基于绝对净收益的经济作物播种面积供给反应实证结果

相对作物	大豆		花生		油菜籽		棉花	
	系数	z值	系数	z值	系数	z值	系数	z值
AREA（-1）	0.658***	2.800	0.625***	0.127	0.548***	2.806	0.434***	0.177
PROFIT（-1）	0.120	0.947	-0.238	0.054	0.086	1.228	0.018***	0.010
LABOUR（-1）	-0.158	-1.074	0.206	0.073	0.026	0.307	-0.184*	0.102
IR	0.495	0.835	0.423	0.418	-0.261	-0.583	1.158*	0.617
VARP（-1）	-0.038*	-1.626	0.035	0.019	0.011	0.658	0.066*	0.038
VARY（-1）	0.021	0.825	-0.013	0.024	0.040	1.21	-0.031	0.026
C	-2.187	-0.334	-1.272	4.043	6.399	1.383	-7.043	6.068
R^2	0.267		0.891		0.745		0.364	
Prob	0.058		0.000		0.000		0.019	
LR值	15.092		210.028		79.067		20.293	
短期供给弹性	0.120		—		0.087		0.018	
长期供给弹性	0.351		—		0.192		0.032	

花生和油菜籽产区，劳动自雇现象比较普遍，像花生等作物劳动量较其他作物较大，但实际生产中投入的劳动力以自家供给为主，农户并不把自己的劳动力作为实际生产成本考虑在内。有效灌溉面积对各种农作物影响的方向存在差异，这与农作物自身的生产条件有关。所有的农作物对产量风险均不显著，这可能与近年来实际生产中极少出现的总产量连年波动较大有关。

为了分析替代作物对大豆播种面积的影响，进一步考察主要替代作物与大豆的相对收益变化对大豆播种面积供给反应的作用。由表 6－5 可以看到，与利用绝对收益作为自变量明显区别的是，大豆与稻谷、玉米以及花生的相对收益项均显著为正，显示出替代作物的相对收益对大豆播种面积变化具有直接影响，同时也说明对大豆播种面积造成实质性影响的并不取决于绝对收益，而是取决于相对收益的大小。其中，大豆对玉米的相对收益项值最大，说明玉米对大豆的替代性最强，大豆相对玉米的收益每增加 10%，则大豆播种面积增加 1.28%，相反若玉米与大豆的相对收益增加 10%，则大豆的播种面积相应减少 1.28%。其他相对收益项显著的作物为稻谷和花生，替代弹性分别为 0.123 和 0.084。大豆与小麦和棉花的相对收益项为负且不显著，这是因为大豆与大部分地区小麦的播种期与生长期相错开，小麦对大豆的替代性不强，此外，棉花主产区与大豆主产区的区域分布差异较大，二者相对收益的变化并没有造成二者种植结构的相互替代。

表 6－5　基于相对净收益的大豆播种面积供给反应实证结果

相对作物	稻谷		小麦		玉米		花生		棉花	
	系数	z 值	系数	z 值	系数	z 值	系数	z 值	系数	z 值
AREA（－1）	0.684***	3.506	0.585***	2.535	0.723***	3.941	0.712***	3.250	0.597***	2.578
RF（－1）	0.123***	2.901	－0.002	－0.566	0.128***	3.535	0.084**	1.960	－0.002	－0.198
LABOUR（－1）	－0.023	－0.331	－0.043	－0.526	－0.069	－1.061	－0.095	－1.179	－0.039	－0.469
IR	0.187	0.374	0.395	0.669	0.468	1.011	0.816	1.394	0.360	0.592
VARP（－1）	－0.033*	－1.722	－0.030	－1.315	－0.030*	－1.689	－0.037*	－1.765	－0.033	－1.394
VARY（－1）	0.013	0.703	0.010	0.429	－0.002	－0.123	0.007	0.346	0.012	0.456
C	0.972	0.181	－0.369	－0.058	－2.309	－0.461	－5.815	－0.899	－0.118	－0.018
R^2	0.447		0.215		0.519		0.336		0.204	
Prob	0.006		0.096		0.002		0.027		0.103	
LR 值	26.20436		12.855		32.93		18.664		12.391	
短期供给弹性	0.123		—		0.128		0.084		—	
长期供给弹性	0.389		—		0.462		0.292		—	

从供给弹性方面来看，大豆与玉米的相对收益每下降10%，则大豆的下期播种面积减少1.28%，长期播种面积会减少4.62%；大豆与稻谷的比较收益下降10%，大豆的短期供给面积和长期供给面积相应减少1.23%和3.89%。从定量估计结果来看，我国对大豆产生替代效应明显的有玉米、稻谷和花生，就替代效应的大小来看，玉米对大豆的替代效果最为明显。

6.4.2 主产区大豆供给反应固定效应回归结果

大豆和玉米的相对收益对主产区大豆播种面积供给反应进行变系数固定效应回归得到结果（见表6－6），我们发现，各地区的上期大豆播种面积均十分显著，但数值大小各异，从河北最高的1.044到河南最低的0.545，说明在过去30年间，大豆种植的路径依赖性在各地间存在很大差异，不同地区在大豆播种面积上变化较大；相对收益项对黑龙江最大且显著，大豆与玉米的上期相对收益每降低1%，则本期大豆面积减少0.146%，说明在所有主产区域中，黑龙江地区农户对大豆价格最为敏感，受大豆价格下降的影响最为明显，陕西与吉林两省的相对收益项为0.113和0.111，分别在5%和10%水平上显著，其他省份较小且并不显著，这说明大豆在这些省份可能并非作为主要收入来源而种植，而是有其特定的目的（如满足自家食用和榨油需要）。其他变量在大部分省份都不显著，说明劳动力成本、价格波动及产量风险并没有对各地大豆生产造成实质性影响。

表6－6 主产区大豆面积供给反应结果

	上期播种面积	上期相对收益	劳动力	价格风险	产量风险	常数项	固定效应
河北	1.044***	0.043	－0.109*	－0.001	－0.046	1.078	－1.059
内蒙古	0.859***	－0.001	0.089	－0.001	－0.036		－0.603
辽宁	0.903***	0.052	－0.058	0.063	－0.056*		－0.377
吉林	0.526***	0.111*	－0.038	－0.007	－0.015		1.832
黑龙江	0.925***	0.146**	0.014	－0.041	－0.016		－0.629
安徽	0.766***	0.066	0.095	－0.094**	0.035		－0.048
山东	1.033***	0.007	－0.021	－0.025	－0.042		－1.405
河南	0.545**	0.097	－0.029	－0.041	0.027		1.897
陕西	0.761***	0.113***	－0.042	0.023	－0.020		0.392
Adjusted R－squared		0.964					
Log likelihood		148.626					
Prob（F－statistic）		0.000					

6.4.3 全国大豆与主要农作物总产量供给反应结果

6.4.3.1 绝对收益供给反应结果

从农作物绝对净收益的产量供给模型回归结果（见表6－7、表6－8）来看，大豆的滞后项回归系数显著高于其他作物，表现出高度的路径依赖性，这说明在收益相对稳定的情形下大豆在农业生产中难以进行种植结构的调整。与面积供给反应模型相比，此时大豆净收益的系数变得在5%水平下显著，短期供给弹性高于面积供给弹性，这说明较播种面积而言，大豆的总产量对收益更为敏感。在粮食作物中，就净收益项来看，稻谷和玉米的系数均在1%水平下显著，大豆在5%水平下显著，小麦的系数较小且不显著，由此可以看出，在粮食作物中，大豆、稻谷和玉米的短期产量供给弹性较大，若上期收益增加1%，则本期总产量分别增加0.203%、0.121%和0.148%。同样，上述三种粮食作物对价格风险均有负面反应，但仅有大豆产量对价格风险项供给反应最大且显著，上期大豆价格波动1%，则本期大豆产量会减少0.064%。在经济作物总产量供给反应回归结果中，大豆产量受净收益的影响程度同样明显高于油料作物和棉花，并且是唯一对价格风险为负且显著的作物，由此表明，大豆产量对净收益和价格波动的反应程度要高于其他油料作物和棉花。

表6－7 基于绝对净收益的粮食作物总产量供给反应实证结果

	大豆		稻谷		小麦		玉米	
	系数	z值	系数	z值	系数	z值	系数	z值
Y（－1）	0.728***	3.252	0.523***	3.285	0.573***	3.616	－0.134	－0.725
PROFIT（－1）	0.203**	2.253	0.121***	3.251	0.006	1.252	0.148***	3.200
LABOUR（－1）	－0.286	－1.439	－0.066	－1.437	0.007	0.107	－0.058	－0.959
IR	1.457	1.559	0.265	0.943	－0.087	－0.257	2.443***	4.194
VARP（－1）	－0.064**	－2.048	－0.003	－0.256	0.014	0.750	－0.035	－1.224
VARY（－1）	0.059*	1.742	－0.001	－0.053	0.010	0.943	0.004	0.319
FER	0.014	0.111	－0.034	－0.855	0.054	1.290	0.062	0.906
C	－13.474	－1.292	1.697	0.635	4.634	1.239	－16.729***	－3.257
R^2	0.596		0.720		0.768		0.945	
Prob	0.001		0.000		0.000		0.000	
LR值	43.810		71.215		89.965		434.643	
短期供给弹性	0.203		0.121		0.006		0.148	
长期供给弹性	0.746		0.254		0.014		0.131	

表 6-8 基于绝对净收益的经济作物总产量供给反应实证结果

相对作物	大豆		花生		油菜籽		棉花	
	系数	z 值	系数	z 值	系数	z 值	系数	z 值
Y(-1)	0.728***	3.252	0.502***	3.315	0.310	1.490	0.358	1.805
PROFIT(-1)	0.203**	2.253	-0.095	-1.029	0.000	0.475	0.017***	1.484
LABOUR(-1)	-0.286	-1.439	0.273*	1.842	0.080	0.415	-0.209	-1.731
IR	1.457	1.559	1.183	1.409	1.353	1.585	1.968***	2.074
VARP(-1)	-0.064**	-2.048	0.048	1.576	0.014	0.573	0.076	1.842
VARY(-1)	0.059*	1.742	0.028	0.735	0.021	0.367	-0.046	-1.593
FER	0.014	0.111	-0.112	-0.537	-0.002	-0.007	0.120	1.263
C	-13.474	-1.292	-9.415	-1.163	-10.234	-1.255	-17.348***	-1.927
R^2	0.596		0.934		0.860		0.689	
Prob	0.001		0.000		0.000		0.000	
LR 值	43.810		360.093		160.748		62.355	
短期供给弹性	0.203		—		—		0.017	
长期供给弹性	0.746		—		—		0.026	

6.4.3.2 相对净收益产量供给反应结果

进一步考察相对净收益对作物产量的影响，将大豆与稻谷、小麦、玉米、花生和棉花的相对收益代替大豆纯收益进行 GLS 回归后发现，大豆与稻谷、玉米和花生的相对纯收益项分别在 1%、5% 和 10% 水平显著，进一步证明了在全国范围内，稻谷、玉米和花生是大豆潜在的替代作物，若大豆与以上三种作物的比较收益上升 1%，则下期大豆产量相应地增加 0.155%、0.549% 和 0.167%，玉米对大豆的替代性最强。就产量的长期供给弹性来看，大豆与花生的比较收益对长期供给的影响最大，大豆与花生的当期相对收益每上升 1%，则下期大豆产量会增加 0.415%。

表 6-9 基于相对净收益的农作物总产量供给反应实证结果

相对作物	稻谷		小麦		玉米		花生		棉花	
	系数	z 值	系数	z 值	系数	z 值	系数	z 值	系数	z 值
Y(-1)	0.576***	2.806	0.579	2.443	0.549***	2.583	0.598***	2.981	0.538***	2.291
RF(-1)	0.155**	2.375	0.005	0.777	0.136**	1.982	0.167***	2.638	0.001	0.106
LABOUR(-1)	-0.067	-0.414	-0.037	-0.203	-0.173	-0.948	-0.284*	-1.540	-0.033	-0.179

续表

相对作物	稻谷		小麦		玉米		花生		棉花	
	系数	z值	系数	z值	系数	z值	系数	z值	系数	z值
IR	0.287	0.353	0.490	0.535	0.617	0.729	1.473**	1.675	0.470	0.497
VARP（-1）	-0.043	-1.490	-0.043	-1.300	-0.045	-1.473	-0.058*	-1.976	-0.039	-1.106
VARY（-1）	0.049	1.511	0.035	0.967	0.040	1.208	0.052*	1.644	0.034	0.825
FER	-0.189	0.908	-2.312	0.306	-3.611	1.329	-12.775	1.632	-1.836	0.341
C	0.113	-0.021	0.042	-0.230	0.193	-0.388	0.219	-1.325	0.049	-0.177
R^2	0.605		0.498		0.574		0.626		0.482	
Prob	6.476		4.548		0.001		0.000		0.006	
LR值	45.332		31.835		40.737		45.854		30.247	
短期供给弹性	0.155		0.005		0.136		0.167		0.001	
长期供给弹性	0.366		0.012		0.302		0.415		0.002	

6.5 本章小结

从以上实证分析中可以得出，在全国范围内，大豆属于受滞后项影响明显的农作物，反映出大豆结构调整受自然条件和种植习惯的约束比较严重，种植结构并不会随着收益的变化而迅速地得到调整。大豆的短期供给弹性对相对收益变化的反应要强于对绝对收益反应的变化，说明农户在进行作物结构选择时参考的并非是绝对收益的变化，而是在可能的多种作物结构中，权衡相对收益与风险后做出的决策结果。利用相对收益作为解释变量回归后发现，大豆的主要替代作物为玉米、水稻和花生，大豆与玉米、水稻和花生的相对收益每降低1%，则下期大豆播种面积分别下降0.123%、0.128%和0.084%，下期大豆产量分别降低0.136%、0.155%和0.167%，长期播种面积分别减少0.462%、0.389%和0.292%，长期产量分别减少0.302%、0.366%和0.415%，短期与长期供给反应弹性的大小差异一方面显示出不同作物对大豆的替代作用存在明显差异，这说明由于不同区域自然条件的差异作物结构不尽相同，因此可用于替代的作物地域性明显，会因地域的差异而有显著的不同。另一方面面积与产量的反应弹性并非随相对收益的变化而呈现出单位弹性的变化，有两个问题制约种植结构的变化：一是不同地区会因自身固有条件制约无法及时进行调整，二是除了相对收益会对

农户种植决策造成影响外，还有其他因素对农户决策起作用。通过对大豆主产区大豆播种面积供给反应进行实证分析后发现，各地种植大豆的路径依赖性存在明显区别，面对相对收益的变化，黑龙江的短期供给弹性变化最大，陕西与吉林次之，说明越是以大豆作为主要农业收入来源的地区，农户种植决策受大豆相对价格变化的影响最大，也最容易遭受农业收入损失。

第7章　大豆进口对种植业生产的影响

在一个均衡的农产品市场中，如果内部供需结构打破均衡的因素往往来自于外部市场，而在大豆市场中进口大豆正是扮演了外部冲击的角色。中国开放大豆进口市场后，国际大豆开始大量进入中国市场，国内原有的农产品供需平衡被打破，进而对国内的农业生产系统和农民收入带来影响。本章将通过中国农业局部均衡模型来定量分析大豆进口对国内种植业的影响。

7.1　模拟方案设计

在考察大豆对国内农业生产以及农民收入的影响需要从大豆进口的目标以及对国内大豆产业可能带来的冲击两方面来权衡利弊。首先，从大豆进口的初衷来看，进口大豆主要是为了满足国内市场对大豆油和豆粕不断增长的需求，但受国内耕地、淡水等自然资源的约束，只有在进口大豆与进口其他作物之间做出权衡。从消费量来看，1996~2011年，全国大豆消费总量增长471%，远远高于其他农作物；从对耕地的占用来看，大豆单产水平较低，2011年三种主要粮食作物水稻、小麦和玉米的单产水平分别是大豆的3.17倍、2.66倍和3.23倍，从单产的增速来看，大豆单产水平在主要农作物中增长缓慢（见表5-1），由此可以得知，在主要的粮食作物中大豆属于土地相对密集型农产品，由于进口大豆主要用作压榨，扮演的是油料作物的角色，为保证国家粮食安全，避免与粮争地，选择进口大豆就成为大豆需求剧增和资源约束下的必然。其次，由于我国对大豆贸易采取高度开放政策，缺少配额约束且仅有3%的单一关税，当国际市场上的大豆进入中国市场后就容易出现“洋豆驱逐国豆”的局面，随着大豆进口规模的增加，即使对国内大豆产业造成冲击，我国所能够运用的贸易限制措施也十分有限，进口大豆就会冲击国内的农业生产和农民收入。

表7-1　1996~2011年主要农作物国内消费总量与单产变化

单位：百万吨、千克/亩、%

年份	国内消费总量				单位面积产量			
	大米	小麦	玉米	大豆	水稻	小麦	玉米	大豆
1996	132.1	112.4	113.4	15.3	415.8	260.9	381.1	120.8
2000	134.4	110.3	118.0	26.7	415.1	261.1	350.5	121.2
2005	128.0	101.0	137.0	44.5	431.0	325.8	422.6	132.2
2010	135.0	110.5	180.0	66.0	447.8	370.0	452.7	148.0
2011	139.5	120.5	188.0	72.1	464.5	389.2	472.2	146.3
2011/1996	105.6	107.2	165.8	471.0	111.7	149.2	123.9	121.1

资料来源：美国农业部、历年全国农产品成本收益资料汇编。

由图7-1可以看到，从加入WTO之后的2002年开始，在大豆进口规模持续扩大的过程中，国内大豆播种面积先增后减，在2005年达到峰值后开始下降，尽管在2007~2009年有所恢复但在之后开始急剧下降，2009~2012年大豆进口规模增加25.2%，与此同时国内大豆播种面积下降21.7%，由此说明进口大豆已经从初始时期的填补国内大豆供给空缺转向对国产大豆的替代。

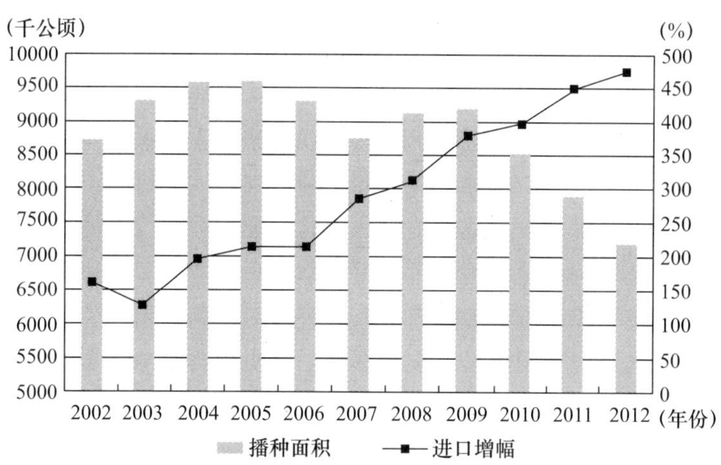

图7-1　2002~2012年大豆进口增幅（2000=100%）与国内大豆播种面积

资料来源：历年中国农村统计年鉴。

在不同情境下进口大豆所扮演的角色不尽相同，其对国内种植业生产也将呈现出不同的影响效果。根据大豆进口的作用类型，我们设定两种不同的模拟方案与基准方案来进行对比，其中基准方案 S0 和模拟方案 S1 之间的比较主要用来考量短缺型大豆进口对于国内种植结构调整和粮食安全的作用，模拟方案 S2 和模拟方案 S1 之间的比较主要用来说明价差型大豆进口对国内大豆生产和农民福利的影响。

基准方案 S0：以 2008 年国内各地的农产品供需状况为基础，假设国内大豆产量以历年来中国大豆最高产量作为国产大豆的供给部分，其余供给不足的部分通过进口来满足，从而得到在保证国内大豆最大生产产能情形下的中国种植业生产格局。

其中大豆需求[①]包括用种、加工、食用、损耗、出口及库存等，大豆供给包括国内生产和进口，各省份的大豆进口量根据基准方案中各省实际进口比例进行换算得到。基准方案 S0 的设立主要基于以下逻辑：由于我国加入世界贸易组织后每年大豆进口增量较大，由此带来大豆进口增速过快、国内大豆生产缺少保护的问题。为了说明大豆进口对国内农业生产和粮食安全的作用，我们在基准方案中假设国内大豆产量为历年来国产大豆最高产量，即保持国内大豆最大的生产能力，随着国内对大豆需求的增加，国产大豆供给不足的部分通过进口来满足。

模拟方案 S1：该方案主要考察短缺型大豆进口对国内种植业生产及粮食安全的影响。具体以 2008 年全国及各地的农产品供需状况为基础，假设国内大豆产量为当年大豆实际产量，大豆进口规模为国内大豆需求与国产大豆之间的缺口，从而得到短缺型大豆进口情形下的种植业生产格局。

模拟方案 S1 的设计逻辑是由于国产大豆无法满足国内对大豆的消费需求，利用国际、国内两个市场、两种农业资源来满足国内大豆供给不足的部分，国产大豆供给不足的部分由进口大豆来补充，因此基准方案情境下的进口大豆扮演的是填补国内供给空缺的角色，这种进口可以称为短缺型大豆进口。就短缺型大豆进口与基准方案进行比对分析可以得到大豆进口对国内种植业生产的影响，从而得到短缺型大豆进口对中国种植结构的影响以及对粮食安全所起的作用。

模拟方案 S2：该方案主要考察价差型大豆进口对国内大豆生产及农民收入的影响。具体以 2008 年全国及各地的农产品供需状况为基础，假设国内大豆产量为只保留国内食用大豆需求部分的生产，其余大豆需求缺口全部通过进口来满足，从而得到价差型大豆进口对国内种植结构、农产品供给和农民收入带来的

---

① 由于大豆油进口同样是对本国大豆生产造成直接影响，故本书将进口大豆油按照 18% 出油率换算成大豆后一并计入到进口大豆中，下同。

影响。

设计模拟方案S2的目的主要是考察当国际大豆由于相对价格上的优势过量涌入中国市场后对国内大豆生产者收入造成的影响，之所以选择将食用大豆需求之外的供给缺口作为大豆进口量主要是由于我国食用大豆所用原料为非转基因大豆，进口大豆基本上全部为转基因大豆，按照农业部规定，其用途只能是用作加工原料，并不允许直接食用，由于我国所生产的大豆皆为非转基因大豆，即使进口数量再多的转基因大豆也无法替代国内食用大豆，因此我们假设食用大豆部分全部由国内生产，此时国内压榨大豆部分全部为进口大豆，这种情形的大豆进口我们称之为价差型大豆进口。

为了便于比较区域之间的影响效果，我们根据地理区位将全国除了港澳台之外的31个省份划分为六个农业产区，具体包括华北、东北、华东、中南、西南和西北，其中，华北地区包括北京、天津、河北、山西和内蒙古，东北地区包括辽宁、吉林和黑龙江，华东地区包括上海、江苏、浙江、安徽、福建、江西和山东，中南地区包括河南、湖北、湖南、广东、广西和海南，西南地区包括重庆、四川、贵州、云南和西藏，西北地区包括陕西、甘肃、青海、宁夏和新疆。根据基准方案和模拟方案的模拟情景可以得到以下结果。

7.2　大豆进口对国内农作物播种面积的影响

表7－2分别给出了三种不同类型的大豆进口对国内主要农作物播种面积的影响。从模拟结果来看，与基准方案相比，短缺型大豆进口和价差型大豆进口方案中的国内大豆播种面积较基准方案均有显著下降趋势，油菜籽也有小幅下降趋势，其余作物的播种面积均有不同程度的提高。

表7－2　大豆进口对主要农作物播种面积的影响　单位：千公顷、%

品种	基准方案S0	模拟方案S1		模拟方案S2	
		播种面积	增幅	播种面积	增幅
大豆	16713.5	9115.6	－45.5	6273.3	－62.5
小麦	22116.7	23616	6.8	23678.7	7.1
玉米	28309	29863.7	5.5	30515.9	7.8

续表

品种	基准方案 S0	模拟方案 S1		模拟方案 S2	
		播种面积	增幅	播种面积	增幅
水稻	28559.4	29240.6	2.4	29324.7	2.7
花生	3679.9	4245.9	15.4	4244.2	15.3
油菜籽	6897.1	6593.6	-4.4	6523.1	-5.4
棉花	5497.4	5755.5	4.7	5741.4	4.4
糖料	1959.6	1990.8	1.6	2150.1	9.7
水果	3634.8	4123.6	13.4	4251.9	17.0
蔬菜	16190.2	17876	10.4	19638.3	21.3
其他	1838.5	2974.7	61.8	3054.4	66.1

资料来源：经笔者运算所得。

7.2.1 短缺型大豆进口对国内农作物播种面积的影响

具体来看，短缺型大豆进口方案中由于进口大豆的增加导致国产大豆面积较基准方案减少760千公顷，降幅达45.5%，这就意味着短缺型大豆进口较基准方案直接为国内节省了760千公顷的耕地面积。粮食作物将成为价差型大豆进口中大豆的主要替代作物，粮食作物播种面积的增量占大豆播种面积减量的49.2%。在粮食作物中，由于生长时间和生产环境的相似性，玉米成为大豆进口增加后替代国产大豆的主要粮食作物，模拟方案S1中大豆进口增加导致国内玉米播种面积约增加155.5千公顷，增幅达5.5%；在口粮作物中，小麦的播种面积有明显提高，全国小麦面积共增加149.9千公顷，增幅为6.8%，水稻的播种面积增加68.1千公顷，增幅为2.4%。

经济作物中，果蔬类农产品将成为受影响最大的农作物，随着近年来农业生产技术的提升，以前由于自然条件约束而无法生产的蔬菜和水果由于设施农业的发展而受到的制约逐渐减少，大豆进口增加后国内蔬菜播种面积增加最多，价差型大豆进口中蔬菜播种面积较基准方案增加168.6千公顷，与蔬菜同质的水果播种面积较基准方案增加48.9千公顷，果蔬类农产品在我国属于典型的劳动密集型农产品，大豆属于土地密集型农产品，价差型大豆进口方案中大豆面积的减少和果蔬播种面积的增加反映了劳动密集型农产品对土地密集型农产品的替代。由此可见，大豆进口数量增加后，受益最多的当属国内劳动密集型农产品，因此可以说，短缺型大豆的进口更加有利于发挥我国劳动密集型农产品的比较优势；由

于大豆进口规模的增加，国内油菜籽播种面积较基准方案下降4.4%，油菜籽面积的增加主要是由于油菜籽与进口大豆同为油料作物，油菜籽与大豆在生产区域和生长季节上基本并无重合，当大豆进口增加后，国内油料供给增加，油料作物价格随之下降，油菜籽供给减少；而由于花生与大豆的生长季节和生长环境相似，导致国内大豆播种面积减少后增加了花生的供给，模拟方案S1中花生的播种面积较基准方案提高15.4%；除了以上农作物之外，短缺型大豆进口模拟方案中，棉花和糖料播种面积受大豆进口影响分别增加4.4%和9.7%。

总体来看，短缺型大豆进口由于替代作用将大幅减少国内大豆的播种面积，其他大部分农作物的播种面积均有所提高，粮食作物将成为国产大豆最主要的替代作物，短缺型大豆进口所替代的耕地中约有一半用于生产粮食，其中以生产条件和生长季节相似的玉米为甚，以果蔬类为代表的劳动密集型农作物的播种面积也将得到明显提高，由于进口大豆对油料作物的挤占，使油菜籽的播种面积将会下降。

7.2.2 价差型大豆进口对国内农作物播种面积的影响

当进口大豆由于相对价格优势大规模涌入国内市场后，国产大豆将成为受冲击最为直接、最为严重的作物。由模拟方案S1和模拟方案S2的对比结果来看（见表7-2），价差型大豆进口中国内大豆播种面积较短缺型大豆进口还减少284.2千公顷，降幅较短缺型大豆进口还多了17个百分点。

与短缺型大豆进口相比，价差型大豆进口中蔬菜将成为国内播种面积增加最多的农产品，全国蔬菜播种面积共增加176.2千公顷，增幅达9.9%，蔬菜播种面积的增量占大豆播种面积减量的62%；玉米是国内播种面积增幅最大的粮食作物，约有65.2千公顷的增加，增幅为2.3%，除了玉米，其他粮食作物播种面积受价差型大豆进口影响均有小幅增加，全国小麦和水稻面积均增加0.3%；油料作物中，花生受到的影响并不明显，油菜籽面积下降1.0%，说明价差型大豆进口由于大豆进口规模过大，不仅对国内大豆生产造成排挤，而且对国内油料作物也形成进一步的负面冲击；其他农作物中，棉花面积变化不大，糖料面积有8.1%的增幅，水果面积增加3.6%，其余农产品面积增加4.7%。

总体来看，价差型大豆进口将会进一步大幅降低国内大豆的播种面积，但从大豆的替代作物来看，与短缺型大豆进口中节省的耕地主要用于生产粮食作物所不同的是，价差型大豆进口节省的耕地面积中的大部分都将用来生产蔬菜。

7.2.3 大豆进口对不同区域农作物播种面积的影响

从全国范围来看，较基准方案而言，短缺型大豆进口使全国大豆面积减少45.5%，价差型大豆进口使国内大豆面积下降62.5%。从大豆的主要替代作物来看，粮食、果蔬和油料作物受大豆进口的影响最为明显。下面将分区域来看大豆进口对主要农作物播种面积的影响，从而可以得到不同区域的农业生产受大豆进口影响的差异性。

7.2.3.1 大豆进口对不同区域大豆播种面积的影响

表7-3给出了大豆进口对国内不同区域大豆播种面积的影响。短缺型大豆进口将使得国内大豆总播种面积下降明显，各区域中除了华北之外其他区域均有较大幅度的下降，华北地区中大豆面积增加较多的主要集中在内蒙古，由于内蒙古地区地域辽阔且没有大豆进口，当大豆进口增加后内蒙古附近的各地区都减少了大豆种植面积，而对该地区大豆的需求增加了，故华北地区的大豆总播种面积表现为增加，模拟方案S1中华北地区大豆面积较基准方案约增加44.2千公顷，约增幅达69.5%；其他地区中，西北和西南地区大豆播种面积原有基数较小，当大豆进口增加后大豆供给增加后挤占当地大豆生产，两地大豆面积降幅分别达71.6%和70.2%，增幅在全国居首；东北地区是全国最大的大豆主产区，具有生产大豆的天然优势，虽然S1模拟方案中当地大豆播种面积较基准方案约减少了173.4千公顷，但依然是全国最大的大豆产区；华东和中南地区由于大多地处沿海地带，是全国主要的大豆压榨区，大豆进口规模增加后导致当地压榨需求得到满足，对当地所生产的大豆需求降低，短缺型大豆进口使得华东和中南地区大豆播种面积较基准方案分别减少了244.8千公顷和161.9千公顷，降幅分别为60.4%和65.8%。

表7-3 大豆进口对国内大豆播种面积的影响 单位：千公顷、%

地区	基准方案S0	模拟方案S1		模拟方案S2	
		播种面积	增幅	播种面积	增幅
华北	635.7	1077.4	69.5	793.4	24.8
东北	6403.9	4669.8	-27.1	3437.8	-46.3
华东	4051.6	1604.1	-60.4	1003.5	-75.2
中南	2458.8	839.9	-65.8	497.4	-79.8
西南	1826.1	544.3	-70.2	342.7	-81.2

续表

地区	基准方案 S0	模拟方案 S1		模拟方案 S2	
		播种面积	增幅	播种面积	增幅
西北	1337.4	380.1	-71.6	198.5	-85.2
全国	16713.5	9115.6	-45.5	6273.3	-62.5

资料来源：经笔者计算所得。

从模拟方案 S2 可以看到，价差型大豆进口将导致国内大豆总播种面积较短缺型大豆进口减少 284.2 千公顷，各区域的大豆播种面积均大幅减少。相较于基准方案 S1，国内最大的两个大豆产区——东北和黄淮海地区——大豆播种面积减少最为明显，大豆面积分别约减少 123.2 千公顷和 60.1 千公顷，这就意味着价差型大豆进口将使东北和华东两个地区分别需要调整 123.2 千公顷大豆面积和 60.1 千公顷大豆面积，华东地区由于纬度较高，其进行结构调整的难度应当不大，而东北地区由于纬度较低，存在积温不足的问题，因此短期内进行种植结构调整的难度更大；华北地区大豆面积减少 28.4 千公顷，依然是全国第三大大豆产区；西北地区大豆播种面积降幅最大，下降 47.8%，该地区大豆面积保留量不足 20 千公顷；中南和西南地区大豆面积分别下降了约 34.3 千公顷和 20.2 千公顷。

7.2.3.2 大豆进口对不同区域玉米播种面积的影响

玉米与大豆同为旱地作物，并且在一些地区大豆与玉米互为轮茬作物，大豆进口增加后国内玉米对国产大豆的替代效果明显，模拟方案 S1 中，全国玉米总播种面积较基准方案增加 155.5 千公顷，增幅为 5.5%，各区域玉米播种面积的变化方向表现为与大豆变化方向完全相反。S1 方案中仅有华北地区的大豆面积是增加的，但华北是大豆进口减少后唯一玉米面积减少的地区，玉米播种面积减少 100.9 千公顷，降幅达 12.8%，其余地区均表现出不同程度的提高，其中华东地区玉米面积增加最多，较基准方案共增加 87.4 千公顷，增幅为 27.4%，西南地区玉米面积约增加 56.5 千公顷，增幅为 17.2%，东北、西北和中南地区玉米播种面积分别约增加 46.3 千公顷、42.5 万公顷和 23.7 千公顷，增幅分别为 5.8%、20.4% 和 6%。

从模拟方案 S2 中可以看到，随着进口大豆的进一步增加，价差型大豆进口较短缺型进口将使得国内玉米面积净增 65.2 千公顷。其中，东北将成为玉米播种面积增加最多的地区，相较于短缺型大豆进口，价差型大豆进口使东北玉米播种面积增加 97.8 千公顷，华北地区玉米播种面积也有所反弹，增加 21.3 千公顷，这两个地区玉米面积增加的原因主要是价差型大豆进口对这两个地区的大豆生产冲击最大，这两个地区大豆面积减少后主要改种玉米；其余地区玉米面积在大豆进口进一步增加后较模拟方案 S1 反而有所减少，其中中南地区由于进口大豆增加后，蔬菜和油菜籽面积有所扩大，故玉米播种面积有 27.4 千公顷的减少，西北地区由于小麦、棉花和蔬菜面积的增加而导致玉米面积减少 17.5 千公顷，华东和西南地区玉米面积下降相对不大。

表 7－4　大豆进口对国内玉米播种面积的影响　　单位：千公顷、%

地区	基准方案 S0	模拟方案 S1		模拟方案 S2	
		播种面积	增幅	播种面积	增幅
华北	7873.4	6864.8	－12.8	7078.1	－10.1
东北	7942.8	8405.7	5.8	9383.3	18.1
华东	3186	4059.6	27.4	3980.2	24.9
中南	3944.6	4181.7	6.0	3907.3	－0.9
西南	3276.7	3841.9	17.2	3832.2	17.0
西北	2085.6	2510.1	20.4	2334.7	11.9
全国	28309	29863.7	5.5	30515.9	7.8

资料来源：经笔者计算所得。

7.2.3.3　大豆进口对不同区域小麦播种面积的影响

短缺型大豆进口使全国小麦面积较基准方案增加 149.9 千公顷，增幅为 6.8%。分区域看来，两大小麦主产区华东和中南地区均表现为降低，分别减少 203.8 千公顷和 86.8 千公顷，增幅分别达 20.2% 和 12.1%；其他地区小麦面积均表现为提高的态势，其中华北和西南小麦面积绝对量提高较多，小麦面积分别增加 213.3 千公顷和 128.7 千公顷，除此之外，西北地区也有 73.1 千公顷的增加，东北地区原本小麦面积就很少，短缺型大豆进口对东北小麦生产影响较小。

价差型大豆进口相对于短缺型大豆进口对全国小麦面积会有轻微增加，其中主要是增加北方地区小麦的播种面积，华北、西北和东北小麦播种面积较模拟方案 S1 分别增加 40.9 千公顷、37.8 千公顷和 5.1 千公顷，其他地区小麦面积均表现为下降，但下降绝对量和下降幅度均不大。

表7-5 大豆进口对国内小麦播种面积的影响 单位：千公顷、%

地区	基准方案S0	模拟方案S1		模拟方案S2	
		播种面积	增幅	播种面积	增幅
华北	1604.8	3737.6	132.9	4146.9	158.4
华东	10097.1	8058.8	-20.2	7717	-23.6
中南	7146.6	6278.9	-12.1	5942.8	-16.8
西南	911.1	2197.6	141.2	2100.5	130.5
西北	2356.8	3088	31.0	3465.6	47.0
全国	22116.7	23616	6.8	23678.7	7.1

资料来源：经笔者计算所得。

7.2.3.4 大豆进口对不同区域水稻播种面积的影响

由于大豆为旱地作物，而水稻对水资源要求较高，因此二者之间的直接替代关系并不是很明显。总体来看，模拟方案S1中的国内水稻播种面积较基准方案S0将增加2.4%。其中东北地区增加最多，水稻面积共增加约129.1千公顷，增幅达53.4%；除了东北地区，西南和西北地区的水稻面积分别增加约47千公顷和15.4千公顷；中南地区成为水稻面积减量最多的地区，共有60千公顷的降低，华东地区约减少36.1千公顷，华北地区水稻面积基数较小但降幅较大，短缺型大豆进口将使华北地区的水稻面积减少58.3%。

价差型大豆进口相对于短缺型大豆进口对国内水稻播种面积的影响较小，全国仅有0.3%的小幅增加，其中表现较为明显的是华东地区增加约21千公顷，中南地区减少16千公顷。

表7-6 大豆进口对国内水稻播种面积的影响 单位：千公顷、%

地区	基准方案S0	模拟方案S1		模拟方案S2	
		播种面积	增幅	播种面积	增幅
华北	468.6	195.6	-58.3	235.7	-49.7
东北	2416.4	3707.3	53.4	3749.4	55.2
华东	10106.3	9745.6	-3.6	9955.4	-1.5
中南	11493.3	10893.3	-5.2	10830.8	-5.8
西南	3947.8	4418	11.9	4257.5	7.8
西北	126.9	280.8	121.3	296	133.3
全国	28559.4	29240.6	2.4	29324.7	2.7

资料来源：经笔者计算所得。

7.2.3.5 大豆进口对不同区域油料作物播种面积的影响

由于我国进口大豆主要用于压榨，大豆进口减少后导致国内食用植物油供给不足，国内油料作物的价格随之上升，由于花生和油菜籽同大豆的生产时间与生产区域的差异，国内油料播种面积的变化方向并不一致。由于花生生长季节和生产区域与大豆有重合，增加大豆进口后，国内大豆播种面积的减少对国内花生生产具有显著的促进作用，相较于基准方案 S0，模拟方案 S1 中花生总播种面积增加 15.4%，具体表现为最大的两个花生产区——华东地区和中南地区的花生面积分别下降 9% 和 3.3%，其余地区均表现为增加，华北地区和西南地区的花生面积分别增加 32.1% 和 583.1%，西北和东北地区花生面积也有少量增加。

价差型大豆进口相对于短缺型大豆进口对全国花生总播种面积的影响很小，主要体现在各区域之间的相互调整，主要表现为华北地区和西南地区分别增加 12.9 千公顷和 6.5 千公顷，中南地区和华东地区分别减少 24.7 千公顷和 2.8 千公顷。

表 7-7 大豆进口对国内花生播种面积的影响 单位：千公顷、%

地区	基准方案 S0	模拟方案 S1		模拟方案 S2	
		播种面积	增幅	播种面积	增幅
华北	338.4	447	32.1	459.9	35.9
华东	1488.8	1354.5	-9.0	1351.7	-9.2
中南	1781.4	1722.9	-3.3	1698.2	-4.7
西南	54	368.9	583.1	375.4	595.2
西北	17	36.6	115.3	35.9	111.2
全国	3679.9	4245.9	15.4	4244.2	15.3

资料来源：经笔者计算所得。

由于国内油菜籽与大豆生长季节和生产区域基本并无重合，当大豆进口减少后国内原有的油菜籽播种面积开始减少。在模拟方案 S1 中，全国油菜籽总播种面积较基准方案减少 4.4%，其中传统油菜籽主产区中，华东地区约增加 57.5 千公顷，增幅达 46.4%，中南地区和西南地区则分别约减少 59.6 千公顷和 82 千公顷，降幅分别为 19.5% 和 35.7%，北方地区油菜籽面积有少量增加。价差型大豆进口相对于短缺型大豆进口将使得全国油菜籽面积下降 1%，主要表现为中南地区减少 21.2 千公顷，西南地区增加 15.1 千公顷。

表7-8 大豆进口对国内油菜籽播种面积的影响 单位：千公顷、%

地区	基准方案S0	模拟方案S1		模拟方案S2	
		播种面积	增幅	播种面积	增幅
华东	1237.9	1812.4	46.4	1793.7	44.9
中南	3059	2462.6	-19.5	2250.8	-26.4
西南	2293	1473.3	-35.7	1624	-29.2
西北	307	594	93.5	594.6	93.7
全国	6897.1	6593.6	-4.4	6523.1	-5.4

资料来源：经笔者计算所得。

7.2.3.6 大豆进口对不同区域果蔬播种面积的影响

大豆进口增加后蔬菜将成为国内播种面积增加最多的农产品，根据短缺型大豆进口的模拟结果，全国蔬菜面积将较基准方案增加10.4%，其中华东地区和中南地区两大主要蔬菜产地增加最多。华东地区和中南地区蔬菜播种面积分别约增加162.9万公顷和108.9万公顷，增幅分别达42.7%和22.2%，上述两地同为国内蔬菜的主要出口地，由于大豆进口增加将导致当地蔬菜更具出口优势，华北地区和东北地区蔬菜面积分别约减少43.9万公顷和24.6万公顷，分别减少20.1%和21.7%，西南和西北地区蔬菜面积分别减少23.6万公顷和11.2万公顷。较之短缺型大豆进口，价差型大豆进口将使得国内蔬菜播种面积进一步增加9.9%，除了华北地区和东北地区之外，其余地区的蔬菜播种面积均有显著提高，中南地区和华东地区作为全国蔬菜出口聚集地，其蔬菜面积增加最多，分别约增加87万公顷和64.7万公顷，西南和西北分别约增加33.4万公顷和11万公顷。

表7-9 大豆进口对国内蔬菜播种面积的影响 单位：千公顷、%

地区	基准方案S0	模拟方案S1		模拟方案S2	
		播种面积	增幅	播种面积	增幅
华北	2183.7	1744.4	-20.1	1555.8	-28.8
东北	1131.3	885.8	-21.7	875.3	-22.6
华东	3815.6	5444.8	42.7	6091.8	59.7
中南	4902.5	5991.7	22.2	6862	40.0
西南	2984.6	2748.7	-7.9	3082.9	3.3
西北	1172.5	1060.6	-9.5	1170.4	-0.2
全国	16190.2	17876	10.4	19638.3	21.3

资料来源：经笔者计算所得。

大豆进口对水果播种面积也有明显的提升影响。在模拟方案 S1 中，水果面积将有 13.4% 的增加。其中，西部地区有明显下降，西北和西南地区水果面积分别约减少 69.5 万公顷和 18 万公顷，而中南、华北和东北地区的水果播种面积增幅较大，华东地区水果面积稍有 8.7% 的下降；价差型大豆进口相对于短缺型大豆进口将会使全国水果面积进一步增加 3.6%，其中中南、华北和西北地区分别增加 9 万公顷、3.5 万公顷和 2.2 万公顷，西南和华东地区分别约减少 1.3 万公顷和 2 万公顷。

表 7－10　大豆进口对国内水果播种面积的影响　　单位：千公顷、%

地区	基准方案 S0	模拟方案 S1		模拟方案 S2	
		播种面积	增幅	播种面积	增幅
华北	79	429.9	444.2	464.9	488.5
华东	1010.7	922.7	－8.7	902.8	－10.7
中南	203.4	1163.1	471.8	1252.8	515.9
西南	670	490.5	－26.8	477.5	－28.7
西北	1671.6	976.8	－41.6	998.7	－40.3
全国	3634.8	4123.6	13.4	4251.9	17.0

资料来源：经笔者计算所得。

7.3　大豆进口对中国种植结构的影响

7.3.1　大豆进口对全国种植结构的影响

从大豆进口对国内种植结构的影响来看，较基准方案而言，短缺型大豆进口将显著降低国内大豆种植比重，但会提高其他大部分作物的种植比例，价差型大豆进口则会进一步降低大豆的种植比重，主要能够提高蔬菜和玉米的种植比例。

具体来看，相比基准方案，短缺型大豆进口将使国内大豆种植比例由 12.3% 下降至 6.7%，玉米、小麦和水稻三种主要粮食作物的种植比例分别提高 1.2%、

1.1%和0.5%；油料作物中，花生和油菜籽的变化方向相反，其中花生的种植比重提高0.4%，油菜籽的种植比重下降0.2%；蔬菜的种植比例受短缺型大豆进口的影响上升1.2%，水果则提高0.3%，其他作物由于本身播种面积不大或者与大豆的替代作用并不明显，种植比例变化不大。从总的结果来看，短缺型大豆进口除了明显降低大豆的种植比例、小幅降低油菜籽的种植比例之外，其他大多数作物的种植比例均呈现出提高的态势，说明短缺型大豆进口抑制了国产大豆的种植比重，但却丰富了其他农作物的有效供给。

在价差型大豆进口方案S2中，相对于短缺型大豆进口方案S1，国内大豆种植比重下降2.1%，替代作物主要为蔬菜和玉米，其中蔬菜种植比重变化最为显著，上升1.3%，玉米种植比例小幅提高0.4%，其他作物的种植比例变化不大。基准方案S0和模拟方案S1之间的比较说明短缺型大豆进口对丰富国内农产品供给结构具有重要作用，而模拟方案S1和模拟方案S2之间的比较则说明了价差型大豆进口对大豆生产具有相当大的冲击。

表7－11　大豆进口对国内种植结构的影响　　单位:%

品种	基准方案S0	模拟方案S1	模拟方案S2
大豆	12.3	6.7	4.6
小麦	16.3	17.4	17.5
玉米	20.9	22.1	22.5
水稻	21.1	21.6	21.7
花生	2.7	3.1	3.1
油菜籽	5.1	4.9	4.8
棉花	4.1	4.3	4.2
糖料	1.4	1.5	1.6
水果	2.7	3	3.1
蔬菜	12	13.2	14.5
其他	1.4	2.2	2.4

资料来源：经笔者计算所得。

7.3.2　大豆进口对各区域种植结构的影响

当在短缺型大豆进口方案中，华北地区种植结构的变化主要表现为小麦、大豆和水果对玉米、蔬菜和水稻的替代。具体来看，小麦种植比重上升 12%，大豆和水果种植比重均提高 2.2%，而玉米种植比重则下降 14.4%，蔬菜和水稻种植比重分别下降 4% 和 2.3%，此外，华北地区将会生产少量的油菜籽；价差型大豆进口对华北地区种植结构变化的影响主要表现为大豆和蔬菜对小麦和水果的替代，大豆和蔬菜的种植比重继续分别下降 2% 和 1.5%，而小麦和水果种植比重分别增加 1.8% 和 1.5%。

表 7－12　大豆进口对华北和东北产区农业生产结构的影响　　单位:%

作物品种	华北地区			东北地区		
	S0	S1	S2	S0	S1	S2
大豆	4.7	6.9	4.9	35.3	25.3	18.5
小麦	11.9	23.9	25.7	0	1.4	1.6
玉米	58.2	43.8	43.8	43.8	45.5	50.6
水稻	3.5	1.2	1.5	13.3	20.1	20.2
花生	2.6	2.9	2.8	0	1.7	1.7
油菜籽	0	1.6	1.6	0	0	0
蔬菜	15.1	11.1	9.6	5.8	4.8	4.7
水果	0.5	2.7	4.2	0	0.8	1.2
棉花	3.5	5.4	5.3	0	0	0
糖料	0.1	0.5	0.5	1.6	0.5	1.4

资料来源：经笔者计算所得。

东北地区种植结构变化主要表现为玉米和水稻对大豆的替代，在模拟方案 S1 中，国产大豆比例下降 10%，水稻种植比重提高 6.8%，玉米种植比重提高 1.7%；在模拟方案 S2 中，国产大豆比例下降 6.8%，玉米种植比例上升 5.1%，水稻种植比例则仅提高 0.1%。玉米同大豆之间的替代关系主要是由于二者生长条件和生产季节相似，当大豆的比较收益发生明显变化后，由于存在轮作关系，无法实现玉米对大豆的完全替代，这一点在短缺型大豆进口方案中可以得到体现，但在价差型大豆进口方案中，当地大豆与玉米之间的轮作作用也因大量的大豆进口而失效。值得注意的是，在短缺型大豆进口方案中主要是水稻替代大豆，

而在价差型大豆进口方案中则主要体现为玉米替代大豆，这可能是由于水利基础设施对水稻生产的限制所致。

在华东地区种植结构变化主要表现为果蔬、玉米和油菜籽同大豆和小麦之间的替代。在模拟方案 S1 中，蔬菜、玉米和油菜籽的种植比例较基准方案 S0 分别提高 5.9%、2.9%和 1.7%，而大豆和小麦的种植比例分别降低 6.5%和 4.6%；在模拟方案 S2 中，大豆和小麦的种植比例较模拟方案 S1 继续下降 1.7%和 1.1%，蔬菜和水果的种植比例则分别提高 1.7%和 1.1%。

表 7-13 大豆进口对中东南部产区农业生产结构的影响 单位:%

作物品种	华东地区			中南地区		
	S0	S1	S2	S0	S1	S2
大豆	11.1	4.6	2.9	6.5	2.3	1.4
小麦	27.8	23.2	22.1	18.9	17.3	16.4
玉米	8.8	11.7	11.4	10.4	11.5	10.8
水稻	27.8	28.1	28.5	30.4	30.1	29.9
花生	4.2	3.9	3.9	4.8	4.8	4.7
油菜籽	3.5	5.2	5.1	8.3	6.8	6.2
蔬菜	9.8	15.7	17.4	12.1	16.5	18.9
水果	2.5	2.7	3.8	0.5	3.2	5.1
棉花	4.6	4.8	4.7	3.9	3.7	3.6
糖料	0	0.1	0.1	4.1	3.7	3.1

资料来源：经笔者计算所得。

中南地区的种植结构变化主要表现为果蔬和玉米与大豆、小麦和油菜籽的替代。在模拟方案 S1 中，蔬菜、水果和玉米的种植比重较基准方案分别上升 4.4%、2.7%和 1.1%，其替代作物大豆、小麦和油菜籽的种植比例则分别下降 4.2%、1.6%和 1.5%；在模拟方案 S2 中，蔬菜和水果的种植比例分别上升 2.4%和 1.9%，大豆和小麦的种植比例均下降 0.9%。

西北地区种植结构变化主要表现为粮食作物和油菜籽对大豆、水果和棉花的替代。模拟方案 S1 中小麦、玉米、水稻和油菜籽的种植比重分别提高 6.8%、3.9%、1.4%和 2.6%，大豆、水果和棉花的种植比重分别下降 8.9%、4.9%和 1.2%；价差型大豆进口将使得大豆和玉米的种植比重进一步下降 1.8%和 2.8%，水果和小麦面积则分别增加 3.8%和 1.6%。

表 7-14　大豆进口对西部产区农业生产结构的影响　　单位:%

作物品种	西北地区			西南地区		
	S0	S1	S2	S0	S1	S2
大豆	12.4	3.5	1.7	11.5	3.3	2
小麦	21.8	28.6	30.2	5.7	13.3	12.4
玉米	19.3	23.2	20.4	20.6	23.2	22.6
水稻	1.2	2.6	2.6	24.8	26.7	25.1
花生	0.2	0.3	0.3	0.3	2.2	2.2
油菜籽	2.9	5.5	5.2	14.7	8.9	9.6
蔬菜	10.2	9.8	10.2	17.6	16.6	18.2
水果	13.9	9	12.8	3.8	3	4.1
棉花	17.8	16.6	16.6	0.4	0.6	0.1
糖料	0.4	0.7	0	0.6	2.1	3.8

资料来源：经笔者计算所得。

西南地区种植结构调整主要表现为粮食作物和蔬菜对大豆和油菜籽的替代。在模拟方案 S1 中，小麦、玉米和水稻的种植比重分别上升 7.6%、2.6% 和 1.9%，其替代作物大豆和油菜籽的种植比重分别下降 8.2% 和 5.8%；在模拟方案 S2 中，大豆种植比例下降 1.3%，油菜籽的种植比例有所恢复，提高 0.7%，蔬菜和水果的种植比例较模拟方案 S1 分别上升 1.6% 和 1.1%，粮食作物的比重有明显下降，水稻、小麦和玉米的种植比重分别下降 1.6%、0.9% 和 0.6%。

综合来看，短缺型大豆进口规模将会降低国内大豆和油菜籽的种植比例，其他农作物的种植比例均得到提高，全国范围内大豆的主要替代作物为蔬菜和玉米，价差型大豆进口主要体现在蔬菜对大豆的替代。从大豆进口对区域种植结构调整的作用来看，东北地区种植结构调整主要表现为大豆对玉米和水稻的替代，华北地区种植结构调整主要表现为玉米、蔬菜对小麦、大豆和水果的替代，在华东地区主要表现为果蔬、玉米和油菜籽同大豆和小麦之间的替代，中南地区则主要表现为大豆、小麦对油菜籽与果蔬的替代，西北地区主要表现为大豆和水果对粮食作物和油菜籽的替代，西南地区主要表现为大豆和油菜籽对粮食作物和果蔬的替代。

7.4 大豆进口对国内农产品产量的影响

7.4.1 大豆进口对粮食安全的作用

我国选择进口大豆最重要的目的是为了避免与粮争地，尽可能地提高国内主粮的自给水平，从而维护国家粮食安全。从基准方案S0和模拟方案S1的结果对比可以发现（见表7－15），短缺型大豆进口方案S1中，国内大豆产量比基准方案减少1711.1万吨，降幅达52.4%，三种主要粮食作物（小麦、玉米和水稻）的产量将增加1985.3万吨，粮食自给水平较短缺型大豆进口增加4.4%，粮食自给水平的提高主要源于玉米和小麦的产量分别增加1339万吨和649.3万吨，增幅分别为8.8%和6.1%；水稻总产量基本没有变化，但不同种类水稻之间有明显区别，具体表现为早中稻产量的增加和晚稻产量的减少。由此可见，短缺型大豆进口以降低国内大豆产量为代价，显著提高了国内的粮食自给水平。

表7－15 大豆进口对国内农产品产量的影响 单位：万吨、%

作物品种	基准方案S0	模拟方案S1		模拟方案S2	
		产量	增幅	产量	增幅
大豆	3263.6	1552.5	－52.4	970.1	－70.3
小麦	10597.1	11246.4	6.1	11314.5	6.8
玉米	15252.6	16591.6	8.8	17025.7	11.6
水稻	19192.6	19189.6	0.0	19262.9	0.4
三种主要粮食作物	45042.2	47027.5	4.4	47603.1	5.7
花生	1343.4	1428.6	6.3	1427.1	6.2
油菜籽	1286.6	1210.2	－5.9	1202.9	－6.5
油料	2630.1	2638.8	0.3	2630	0.0
蔬菜	52444.7	59240.3	13.0	63619.3	21.3
水果	3193.8	5315.9	66.4	5542.6	73.5
果蔬	55638.5	64556.2	16.0	69161.9	24.3
棉花	737.8	749.2	1.5	755.4	2.4

资料来源：经笔者计算所得。

价差型大豆进口将使得国内大豆产量较短缺型大豆进口下降 582. 4 万吨，降幅达 37. 5%，三种主要粮食作物产量较短缺型大豆进口方案增加 575. 6 万吨，为国家粮食自给提高了 1. 3 个百分点，其中玉米、水稻和小麦分别增加 434. 1 万吨、73. 3 万吨和 68. 1 万吨。虽然价差型大豆进口也对粮食安全起到一定的作用，但粮食产量的增加幅度小于大豆产量的减少幅度。也就是说，增加大豆进口所替代出来的土地并没有都用来种粮食。

7. 4. 2　大豆进口对大豆产量的影响

短缺型大豆进口使国产大豆产量较基准方案减少 1711. 1 万吨，降幅达一半以上，价差型大豆进口国产大豆产量较短缺型大豆进口减少 582. 4 万吨，降幅达 31. 4%，其中仅东北地区就减少 255. 2 万吨。由短缺型大豆进口和价差型大豆进口两种进口类型的对比差异可知，当大豆实际进口量由短缺型大豆进口过渡到价差型大豆进口的过程中，大豆总供给量超过国内供给缺口后将存在供给过剩，由于国产大豆与进口大豆在作为榨油用原材料时存在以下差异：第一，当前国内主要榨油企业主要分布沿海地带，其原材料若使用进口大豆，其运输成本远远低于使用东北大豆的运输成本，国产大豆并没有成本上的优势；第二，进口大豆相比国产大豆其出油率和标准化程度更高，更适用于企业压榨；第三，在当前国内大豆压榨和销售环节中，外资企业占比较高，作为跨国公司全球化大豆产业链中的销售末端，在原材料的使用上，存在“歧视”国产大豆的现象。基于以上原因，一旦国内大豆供给存在剩余，国产大豆就会陷入不为市场接受的被动局面。面对国内大豆产量不断下降以及大豆种植户收入下降导致生产积极性下降的问题，2008 年国家为了保证国内大豆生产者的收入而实施了大豆临时收储政策，在大豆进口持续增加的情况下，收储政策下的国内大豆供给势必不断累积，从而导致临时收储成本不断上升。

7. 4. 3　大豆进口对国内油料产量的影响

当大豆进口量增加时国内油菜籽作为油料作物产量受到挤压，但是花生由于与国内大豆生产季节和生产区域的相似性，在大豆播种面积减少后有一部分大豆改种花生从而使得花生产量有所增加。具体来看，短缺型大豆进口将使得国内油菜籽产量较基准方案减少 76. 4 万吨，花生产量增加 85. 2 万吨，由此导致国产油料总产量增加 8. 7 万吨。当大豆进口类型属于价差型大豆进口时，国内油菜籽和花生产量均受到一定冲击，产量较短缺型大豆进口分别减少 1. 5 万吨和 7. 3

万吨。

7.4.4　大豆进口对国内果蔬产量的影响

由表7－15可以看到，相较基准方案而言，短缺型大豆进口将使得国内蔬菜产量提高6795.6万吨，增幅达13%，蔬菜也成为全国农产品中产量受大豆进口影响增加最为显著的农作物。与此同时，国内水果产量增加2122.1万吨，降幅达66.4%，这说明短缺型大豆进口相比基准方案在很大程度上是劳动密集型农产品对土地密集型农产品的替代。价差型大豆进口将使国内蔬菜和水果产量较短缺型大豆进口分别提高8.3%和7.1%，果蔬总产量增加4605.7万吨，并成为国内产量和幅度提高最多的农产品。对于劳动力剩余较多的地区，发展劳动密集型农产品的生产是一条重要的出路，而蔬菜和水果的单产水平一般较高，由于使用劳动力的较多，属于典型的劳动密集型农产品，根据2012年《全国农产品成本收益资料汇编》中三种主要蔬菜（西红柿、黄瓜和茄子）生产用工亩均为26.8工日，为大豆的9.6倍，亩均净收益3105.2元，为大豆的24.1倍，由此可见大豆进口后蔬菜产量的提高对于提高农民收入具有重要作用。

7.4.5　大豆进口对国内不同区域农产品产量的影响

表7－16至表7－21给出了大豆进口对不同区域农产品产量的影响。华北地区农产品产量受大豆进口影响较大的主要是玉米、小麦和蔬菜，短缺型大豆进口使当地大豆产量较基准方案提高29.2%，小麦产量增加903.6万吨，增幅达111.5%；玉米和蔬菜产量大量减少，玉米和蔬菜产量较基准方案分别下降约1282万吨和5155万吨，当地粮食自给率较基准方案下降9%，蔬菜产量下降35.1%，油料产量提高51.6%，棉花产量提高83.5%。而在价差型大豆进口方案中，华北地区的大豆产量也受到冲击，较短缺型大豆进口减少38.4万吨，小麦产量进一步提高，蔬菜产量继续下降，三种主要粮食作物较短缺型大豆进口增加240万吨，蔬菜产量则进一步减少1793万吨。

东北地区农产品受大豆进口的影响主要表现为大豆、蔬菜和糖料产量的下降以及玉米、水稻产量的上升。具体来看，短缺型大豆进口较基准方案使得大豆产量下降31%，蔬菜产量下降42.1%，糖料产量下降69.2%，这主要得益于水稻和玉米产量的提高使得粮食总产量提高20.1%；价差型大豆进口将使得大豆和蔬菜的产量进一步降低206万吨和392万吨，玉米产量将得到大幅提高，较短缺型大豆进口净增431万吨，此外，糖料产量有所恢复。

表 7-16　大豆进口对华北地区农产品产量的影响　　单位：万吨、%

作物	S0	模拟方案 S1		模拟方案 S2	
		产量	增幅	产量	增幅
大豆	131.5	169.9	29.2	123.8	-5.9
小麦	810.7	1714.3	111.5	1894.9	133.7
玉米	4989.5	3707.6	-25.7	3739.5	-25.1
水稻	311.4	136.8	-56.1	164.7	-47.1
三种主要粮食作物	6111.6	5558.6	-9.0	5799.0	-5.1
油料	114.3	173.2	51.6	178.2	55.9
蔬菜	14695.9	9540.6	-35.1	7747.9	-47.3
棉花	50.8	93.2	83.5	94.0	85.2

资料来源：经笔者计算所得。

表 7-17　大豆进口对东北地区农产品产量的影响　　单位：万吨、%

作物	S0	模拟方案 S1		模拟方案 S2	
		产量	增幅	产量	增幅
大豆	1100.4	759.1	-31.0	553.1	-49.7
玉米	4761.0	5096.4	7.0	5527.4	16.1
水稻	1729.1	2602.0	50.5	2621.5	51.6
三种主要粮食作物	6490.2	7794.7	20.1	8264.2	27.3
蔬菜	7519.9	4353.4	-42.1	3961.1	-47.3
糖料	951.5	292.8	-69.2	738.0	-22.4

资料来源：经笔者计算所得。

华东地区农产品产量受大豆进口的影响主要表现为玉米、油菜籽和蔬菜产量的提高以及小麦、水稻和水果的下降。具体来看，价差型大豆进口使得该地区大豆产量减少2/3，小麦和水稻产量分别下降18.8%和6.1%，虽然玉米产量提高了28.4%，但粮食总产量下降6.2%；花生产量下降14.5%，但油菜籽产量提高87.3%，油料总产量提高9.4%；蔬菜产量净增约5000万吨，较基准方案增加36.1%，水果产量下降16.4%。价差型大豆进口较短缺型大豆进口将进一步减少大豆和粮食作物的产量，提高蔬菜作物的产量。

表 7－18　大豆进口对华东地区农产品产量的影响　　单位：万吨、%

作物	S0	模拟方案 S1		模拟方案 S2	
		产量	增幅	产量	增幅
大豆	813. 1	274. 2	－66. 3	161. 9	－80. 1
小麦	5226. 2	4243. 5	－18. 8	4075. 5	－22. 0
玉米	1876. 7	2410. 1	28. 4	2326. 1	23. 9
水稻	6803. 1	6386. 9	－6. 1	6524. 0	－4. 1
三种主要粮食作物	13906. 1	13040. 5	－6. 2	12925. 6	－7. 1
花生	604. 5	516. 8	－14. 5	517. 4	－14. 4
油菜籽	185. 4	347. 3	87. 3	348. 1	87. 7
油料	789. 9	864. 1	9. 4	865. 5	9. 6
蔬菜	13833. 9	18833. 1	36. 1	19469. 4	40. 7
水果	1947. 0	1628. 2	－16. 4	1535. 7	－21. 1
果蔬	15780. 9	20461. 3	29. 7	21005. 1	33. 1
棉花	191. 5	187. 5	－2. 1	185. 6	－3. 1

资料来源：经笔者计算所得。

表 7－19　大豆进口对中南地区农产品产量的影响　　单位：万吨、%

作物	S0	模拟方案 S1		模拟方案 S2	
		产量	增幅	产量	增幅
大豆	519. 9	164. 7	－68. 3	95. 9	－81. 6
小麦	3967. 3	3384. 1	－14. 7	3204. 3	－19. 2
玉米	2080. 7	2246. 9	8. 0	2060. 6	－1. 0
水稻	7391. 2	6760. 8	－8. 5	6673. 0	－9. 7
三种主要粮食作物	13439. 1	12391. 8	－7. 8	11937. 9	－11. 2
花生	690. 6	589. 0	－14. 7	581. 5	－15. 8
油菜籽	467. 6	423. 7	－9. 4	421. 6	－9. 8
油料	1158. 2	1012. 7	－12. 6	1003. 1	－13. 4
蔬菜	12320. 8	16686. 4	35. 4	17951. 2	45. 7
水果	663. 5	1480. 9	123. 2	1546. 5	133. 1
果蔬	12984. 3	18167. 3	39. 9	19497. 7	50. 2
棉花	159. 2	141. 3	－11. 2	138. 1	－13. 3
糖料	11860. 8	10062. 1	－15. 2	8450. 9	－28. 7

资料来源：经笔者计算所得。

表 7－20　大豆进口对西南地区农产品产量的影响　　单位：万吨、%

作物	S0	模拟方案 S1		模拟方案 S2	
		产量	增幅	产量	增幅
大豆	400.2	108.7	－72.8	66.4	－83.4
小麦	265.7	636.1	139.4	611.7	130.2
玉米	1512.6	1805.1	19.3	1764.7	16.7
水稻	2841.7	3108.9	9.4	3006.7	5.8
三种主要粮食作物	4620.1	5550.1	20.1	5383.0	16.5
油菜籽	489.6	307.0	－37.3	307.4	－37.2
油料	501.5	385.1	－23.2	386.9	－22.9
蔬菜	6842.9	6284.3	－8.2	6555.5	－4.2
水果	624.4	490.9	－21.4	475.0	－23.9
果蔬	7467.3	6775.2	－9.3	7030.5	－5.8
棉花	1.4	1.7	19.5	1.7	21.4
糖料	536.2	2093.4	290.4	3733.0	596.2

资料来源：经笔者计算所得。

表 7－21　大豆进口对西北地区农产品产量的影响　　单位：万吨、%

作物	S0	模拟方案 S1		模拟方案 S2	
		产量	增幅	产量	增幅
大豆	301.6	75.8	－74.9	36.7	－87.8
小麦	938.2	1172.1	24.9	1345.5	43.4
玉米	1233.0	1325.6	7.5	1176.4	－4.6
水稻	101.9	194.1	90.4	201.4	97.6
三种主要粮食作物	2273.1	2691.8	18.4	2723.2	19.8
花生	4.4	9.8	121.9	9.5	116.7
油菜籽	59.9	107.4	79.3	107.7	79.7
油料	64.3	117.2	82.2	117.2	82.3
蔬菜	3860.0	3542.6	－8.2	3558.5	－7.8
水果	2049.6	1007.4	－50.8	1003.0	－51.1
果蔬	5909.5	4550.0	－23.0	4561.6	－22.8
棉花	344.9	325.3	－5.7	329.6	－4.5

资料来源：经笔者计算所得。

大豆进口对中南地区农产品产量的影响主要表现为大豆、粮食、油料和糖料产量的下降以及果蔬产量的提高。价差型大豆进口使得该地区大豆产量减少 68.3%，粮食产量下降 7.8%，油料产量下降 12.6%，糖料产量下降 15.2%，蔬菜和水果产量则分别增加 35.4% 和 123.2%。价差型大豆进口将进一步降低大豆和粮、油、糖的产量而增加果蔬的生产。

西南地区主要表现为大豆、油料和果蔬产量的下降以及粮食和糖料产量的增加，大豆和果蔬产量分别下降 72.8% 和 9.3%，粮食产量和糖料产量分别增加 20.1% 和 290.4%。价差型大豆进口将降低大豆和粮食作物的产量，主要增加糖料和蔬菜的供给。

西北地区农产品供给的变化与西南地区相似，主要表现为大豆和果蔬产量的下降以及粮食和油料供给的增加。短缺型大豆进口方案中大豆和果蔬的产量较基准方案分别下降 74.9% 和 23%，粮食和油料产量分别增加 18.4% 和 82.2%。价差型大豆进口主要是增加指该地小麦的产量，减少大豆和玉米的产量。

总体来看，大豆进口对国内农作物产量的影响主要体现在大豆的减少以及玉米和蔬菜的增加上，以及各种农作物在不同区域间的协调变化上，除华北地区大豆产量稍有增加外，其余地区均有较大幅度的下降，玉米产量的增加主要集中在东北、华东和中南地区，蔬菜的增加则主要是指中东部地区，处于内陆的西南、西北及东北地区的粮食产量得到提高，而中东部地区的粮食产量有所下降。

7.5　本章小结

本章通过利用农业局部均衡模型来就短缺型大豆进口和价差型大豆进口分别对国内种植业生产的影响进行了模拟分析，通过模拟结果的比较可以发现：

（1）短缺型大豆进口对提高国家粮食安全具有重要作用，但价差型大豆进口会对国内大豆生产造成严重冲击，从而验证了假说一。短缺型大豆进口使得国内大豆产量较基准方案减少 1711.1 万吨，主要粮食作物（小麦、玉米和水稻）的产量增加 1985.3 万吨，三种主粮产量较基准方案下降 4.4%；价差型大豆进口将使得国内大豆产量较短缺型大豆进口下降 582.4 万吨，东北和华东地区大豆面积较短缺型大豆进口分别减少 123.2 万公顷和 60 万公顷。

（2）大豆进口有利于劳动密集型和土地节约型农产品的生产，玉米和蔬菜成为大豆进口后国产大豆的主要替代作物。短缺型大豆进口所替代的耕地中约有一半用于生产粮食，其中以生产条件和生长季节相似的玉米为甚，价差型大豆进口将会进一步大幅降低国内大豆的播种面积，但其节省的耕地面积中的大部分都将用来生产蔬菜。短缺型大豆进口使得国内大豆面积减少 760 万公顷，玉米和蔬菜的播种面积分别提高 155. 5 万公顷和 168. 6 万公顷。价差型大豆进口将使得全国大豆面积减少 284. 2 万公顷，蔬菜和玉米播种面积分别增加 176. 2 万公顷和 65. 2 万公顷。

（3）大豆进口导致全国大部分区域的大豆生产减少，对区域生产格局的影响主要体现在华东和中南地区的玉米和蔬菜产量大幅提高但粮食产量减少，对东北、华北、西南和西北等内陆地区的影响则是蔬菜产量降低、粮食产量提高。

第8章 大豆进口对种植业收入的影响

第7章我们就大豆进口对中国种植业生产的影响进行了分析，然而在农产品进口的过程中，由于相对价格对进口决策起决定性作用，只要国内外大豆相对价格差异较大，如果缺少进口限制，最终的进口规模往往并不会止于恰好填补国内供给的空缺，而是会持续不断地进入国内市场直至挤占掉国产大豆的市场份额。我国1996年对大豆和豆粕实施3%的配额内低关税，但在实际操作过程中配额制并没有执行，大豆和豆粕进口开始迅速增加，2003年后我国对大豆实行单一的3%的关税，自此以后我国大豆对外依存度不断提高，2006~2013年，大豆进口量增加2.3倍，年均增速13%。与此同时，国内大豆需求年平均增速为5.6%，其中油用大豆增速明显高于食用大豆需求增速，而进口大豆基本全部用于榨油，国产大豆播种面积以每年3.9%的速度下降，产量年均降低2.1%（见表8-1），由此可见，近年来我国国内市场对大豆需求高涨导致在利用国际大豆满足国内需求的过程中，国际大豆凭借相对价差的优势大量涌入国内市场，这对国产大豆造成了明显的冲击。基于此，本章将针对大豆进口对国内农产品价格和农民收入的影响进行分析。

表8-1 2006~2013年中国大豆需求与供给 单位：万吨、%

	需求			供给		进口量
	食用	油用	总和	产量	播种面积	
2006年	815	4472	5287	1508	9304	2873
2007年	840	4583	5423	1273	8754	3782
2008年	870	4722	5592	1554	9127	4110
2009年	900	5056	5956	1498	9190	5034
2010年	950	5556	6506	1508	8516	5234
2011年	980	6000	6980	1449	7889	5923
2012年	1000	6333	7333	1305	7172	6300

续表

	需求			供给		进口量
	食用	油用	总和	产量	播种面积	
2013 年	1050	6667	7717	1250	7000	6600
平均增幅	3.7	5.9	5.6	-2.1	-3.9	13.0

资料来源：笔者根据国家粮油中心数据整理所得。

8.1 大豆进口对国内农产品生产者价格的影响

由于本书采用的研究方法为局部均衡模型，故本章的价格是基于国内农产品经过生产调整之后供求再平衡的价格，因此价格之间的比较是指不同均衡状态下的价格比较。由表 8-2 可知，大豆进口将会普遍降低国内农产品的价格，其中对大豆、玉米和小麦的价格影响最大。根据短缺型大豆进口方案 S1 中的大豆进口规模，全国农产品供需重新达到均衡后，相对于基准方案，全国大豆价格平均上涨 1.68%，玉米价格上涨约 1.38%，小麦价格仅上涨 1.13%，由于水稻产量并未发生明显变化，故水稻价格较基准方案变动不大，平均仅上涨0.41%；油料作物的价格涨幅小于粮食作物，油菜籽和花生价格平均上涨 0.93% 和 0.47%；果蔬类价格涨幅小于油料作物，其中蔬菜上涨 0.46%，水果上涨约 0.3%；棉花价格较基准方案平均上涨 0.56%。

表 8-2　大豆进口对国内主要农作物价格的影响　　单位:%

作物	S1/S0	S2/S0	S2/S1
大豆	-1.680	-1.803	-0.125
小麦	-1.133	-1.158	-0.025
水稻	-0.414	-0.449	-0.036
玉米	-1.376	-1.406	-0.031
花生	-0.464	-0.478	-0.014
油菜籽	-0.921	-0.933	-0.012
蔬菜	-0.455	-0.462	-0.007

续表

作物	S1/S0	S2/S0	S2/S1
水果	-0.299	-0.311	-0.011
棉花	-0.563	-0.592	-0.029

资料来源：经笔者计算所得。

价差型大豆进口方案 S2 中各种农作物的价格变动与 S1 作用方向一致，只是下降幅度相对更大。价差型大豆进口中的农产品价格较短缺型大豆进口均有不同程度的下降（见表 8－2），但大豆价格下降幅度相对较大，全国大豆价格平均有 0.125 个百分点的下降，其他作物价格变化相对较小，粮食作物中小麦、水稻和玉米的价格分别较基准方案下降 0.025%、0.036% 和 0.031%，棉花价格下降 0.029%，花生和油菜籽价格分别下降 0.014% 和 0.012%，蔬菜和水果价格分别下降 0.007% 和 0.011%。

8.2　大豆进口对种植业收入的影响

8.2.1　短缺型大豆进口对种植业收入的影响

大豆进口通过影响国内农产品价格和种植结构从而对国内农民收入造成影响。表 8－3 列出了短缺型大豆进口对国内不同区域不同作物生产者净收入带来的影响，从模拟结果来看，相较于基准方案，短缺型大豆进口主要是降低大豆和油菜籽的生产者收入，但是会提高其他作物的生产者收入并且会增加全国种植业生产的总收入。具体来看，模拟方案 S1 中全国种植业生产者收入较基准方案提高 5.9%，大豆和油菜籽生产者收入分别下降 48.4% 和 6.9%，水稻生产者收入有 0.4% 的小幅下降；其他农作物生产者收入均有不同程度的提高，其中果蔬类生产者收入提高最为明显，水果和蔬菜生产者收入分别提高 49.2% 和 18%，粮食作物中玉米和小麦的生产者收入分别提高 7.5% 和 8.2%，油料作物中花生的生产者收入提高 8%，棉花的生产者收入受到的影响相对较小。

表 8-3　短缺型大豆进口对种植业收入的影响　单位:%

	华北	东北	华东	中南	西南	西北	全国
大豆	62.9	-30.0	-62.0	-67.2	-71.4	-72.7	-48.4
水稻	-59.4	49.2	-6.8	-9.4	9.0	115.3	-0.4
玉米	-11.0	7.8	30.1	8.1	19.6	22.7	7.5
小麦	130.4	-	-21.1	-13.2	138.4	29.6	8.2
花生	28.4	-	-11.6	-6.0	564.3	110.0	8.0
油菜籽	-	-	41.5	-22.1	-37.9	87.4	-6.9
蔬菜	-15.2	-16.8	51.8	30.0	-2.1	-4.0	18.0
水果	504.4	-	1.3	534.8	-18.8	-35.1	49.2
棉花	80.4	-	-0.7	-11.1	51.0	-7.4	0.7
合计	8.1	2.9	7.3	13.8	-2.0	-8.4	5.9

资料来源：经笔者计算所得。"-"表示由于基数较小导致增幅过大，但绝对收入增量并不大，过大的增幅在本处并无太大意义，故用"-"代替。

总体来看，尽管各种农产品价格较基准方案均有所下降，但由于不同农产品的产量在不同区域变化不同，故最终生产者收入在不同地区会有不同变化，在全国层面上，由于大豆进口规模增加后其他作物生产者收入的增加量超过因大豆进口增加导致的国内大豆生产者收入的减少量，故短缺型大豆进口中全国的种植业生产者收入较基准方案有所提高。短缺型大豆进口方案使大豆生产者总收入较基准方案减少 743.8 亿元，但由于蔬菜、水果和玉米的生产者收入的大幅提升导致全国种植业生产者总收入增加 973.4 亿元。

分区域来看，各地区种植业收入之间的差异主要由各地大豆和其替代作物种植结构调整以及相应的价格变化所决定的。其中，中东部地区的农户将成为短缺型大豆进口的受益者，而西部地区农业生产者收入将会受损。在短缺型大豆进口方案中，华北地区受益于小麦、水果、棉花和大豆产量的增加使其农业生产者总收入增加 150 亿元，增幅达 8.1%；东北地区大豆和蔬菜的生产者收入有较大幅度的下降，但是由于水稻、玉米和水果生产者收入的增加导致其生产者总收入提高 59 亿元，增长 2.9%；虽然华东地区的大豆、小麦、水稻和花生的收入有所减少，但得益于蔬菜、玉米、水果和油菜籽等作物生产者收入的提高，结果导致华东地区生产总收入增加 353.2 亿元，增幅达 7.3%；中南地区的情况与华东地区类似，只是其大豆生产者收入的减少小于华东地区，且油菜籽生产者收入有所下降，但其蔬菜和水果生产者收入的增量更大，最终使其生产者总收入增加 582.4

亿元，增加13.8%；西南地区由于大豆、油菜籽和果蔬类农产品的生产者收入均有所减少，其他粮食作物和经济作物的生产者收入增加有限，故其生产者总收入减少36.8亿元，降幅2%；西北地区与西南地区的情况相似，但其棉花的生产者收入也出现了下滑，最终使西北地区农民总收入减少134.5亿元，降幅达8.4%。

表8－4 短缺型大豆进口对不同地区种植业收入的影响 单位：亿元

	华北	东北	华东	中南	西南	西北	全国
大豆	29.9	－178.8	－230.0	－148.9	－132.7	－83.4	－743.8
水稻	－33.7	153.5	－79.1	－112.1	40.4	18.7	－12.3
玉米	－70.6	51.9	73.5	21.3	48.1	43.3	167.5
小麦	149.5	15.6	－126.7	－43.3	63.9	41.2	100.2
花生	16.9	45.9	－31.9	－16.9	32.1	3.8	49.9
油菜籽	13.5	0.1	35.7	－39.4	－62.2	21.0	－31.4
蔬菜	－126.2	－78.8	707.3	430.9	－13.2	－12.4	907.6
水果	110.4	49.2	6.4	515.3	－16.9	－136.1	528.4
棉花	60.3	0.4	－2.0	－24.5	3.6	－30.6	7.2
合计	149.9	59.0	353.2	582.4	－36.8	－134.5	973.4

资料来源：经笔者计算所得。

8.2.2 价差型大豆进口对种植业收入的影响

受价格、种植结构和产量变化的综合影响，不同地区的种植业收入受价差型大豆进口影响的情况各异。从全国层面来看，由价差型大豆进口造成的全国范围内农业总收入较短缺型大豆进口增加465.3亿元，增幅达2.6%（见表8－5、表8－6）。从不同作物的生产者收入变化来看，大豆生产者收入较短缺型大豆进口减少248.4亿元，降幅达37.4%，大豆也成为受价差型大豆进口负面影响最大的作物，其中东北和华东地区大豆的生产者收入下降最为突出，两地大豆收入较短缺型大豆进口方案分别减少104.8亿元和50.7亿元；由于挤占效应，油料作物生产者收入稍有下降，油菜籽和花生的生产者收入较价差型大豆进口分别减少2.6亿元和0.6亿元，降幅分别为0.5%和0.1%；其余作物的生产者收入均表现为净增加，其中蔬菜增加最多，达到559.2亿元，其他农作物中，水稻和水果的生产者收入增加较为明显，相比短缺型大豆进口方案分别提高70.7亿元和59.5亿元。此外，小麦、棉花和玉米生产者收入分别增加13.8亿元、8.1亿元和5.6亿元。

表 8-5　价差型大豆进口对种植业收入的影响　　单位:%

变化	华北	东北	华东	中南	西南	西北	全国
大豆	-32.0	-32.0	-44.9	-45.6	-43.0	-54.9	-37.4
小麦	11.2	20.5	-3.4	-4.8	-3.3	15.4	0.8
水稻	23.0	3.0	4.4	0.9	-1.1	6.1	2.2
玉米	1.3	8.9	-3.1	-7.9	-1.9	-10.9	0.2
花生	2.7	1.9	0.0	-1.4	1.5	-2.5	-0.1
油菜籽	2.6	-1.3	-0.4	-1.1	-0.5	-0.4	-0.6
棉花	1.7	-3.0	-0.2	-1.5	2.4	2.1	0.8
蔬菜	-12.8	-2.3	11.0	15.5	12.0	7.9	8.6
水果	10.1	14.1	-1.7	8.9	0.9	3.8	4.5
合计	-3.1	-1.3	3.9	5.3	2.3	2.2	2.6

资料来源：经笔者计算所得。

表 8-6　价差型大豆进口对不同地区种植业收入的影响　　单位：亿元

	华北	东北	华东	中南	西南	西北	全国
大豆	-24.4	-104.8	-50.7	-30.2	-20.8	-17.4	-248.4
小麦	30.6	3.1	-20.6	-24.0	-3.1	27.7	13.8
水稻	5.2	12.8	46.6	10.0	-6.0	2.1	70.7
玉米	7.1	62.4	-12.1	-25.6	-5.1	-21.0	5.6
花生	2.4	1.0	-0.1	-4.5	0.7	-0.2	-0.6
油菜籽	0.3	0.0	-0.4	-1.7	-0.6	-0.2	-2.6
棉花	2.1	0.0	-0.5	-3.0	0.1	9.5	8.1
蔬菜	-103.4	-9.4	260.0	313.5	76.6	21.9	559.2
水果	14.9	8.2	-6.5	31.9	1.0	10.1	59.5
合计	-65.2	-26.8	215.6	266.4	42.8	32.5	465.3

资料来源：经笔者计算所得。

从不同区域来看，各农业产区受价差型大豆进口的影响主要因大豆和其替代作物生产者收入的变化而有所差异，各地大豆生产者收入均较短缺型大豆进口方案有所降低，其中华北和东北地区由于大豆和蔬菜产量的下滑成为生产者收入下降最多的地区，虽然两地粮食作物的生产者收入有所增加，但农民总收入较短缺型大豆进口方案分别减少 65. 3 亿元和 26. 8 亿元。虽然其他地区大豆生产者收入都有减少但总收入均表现为净增加，其中中南、华东和西南地区主要由于蔬菜收入的增加而使得生产者收入较 S1 方案分别增加 266. 4 亿元、215. 6 亿元和 42. 8 亿元，西北地区主要由于蔬菜、小麦和水果收入的增加大于大豆和玉米生产者收入的减少而导致种植业总收入增加 32. 5 亿元。

8. 3　本章小结

本章通过中国农业政策分析模型就短缺型大豆进口和价差型大豆进口对国内农产品价格和农民收入的影响进行了模拟比对分析，研究发现：

（1）大豆进口将会普遍降低国内的农产品价格，其中对国内大豆的价格抑制最为明显。短缺型大豆进口和价差型大豆进口将使国内大豆均衡价格分别降低 1. 68% 和 1. 8% 。

（2）大豆进口将会拉大内陆地区与东部沿海地区的种植业收入差距。短缺型大豆进口使中东部地区的农业生产者通过减少大豆生产、增加果蔬类的生产而受益，而西部地区在减少大豆和蔬菜的生产后主要增加粮食作物的生产，但因粮食类相对收益小于果蔬类农产品导致其总的种植业收入受损。而价差型大豆进口主要使得华北和东北地区则是由于减少了大豆和蔬菜的生产而增加了粮食作物的生产，从而造成其种植业生产者总收入的下降。这一结论验证了假说二。

第9章　大豆相对价格变化对农户种植结构调整行为的影响

长期以来，农业生产者在经济社会发展的过程中始终作为被动的弱势群体存在。在计划经济时期，出于节省外汇、支援工业发展的需要，国际农产品很少进入国内市场，为保证城市食物供给，农产品价格被人为地压低，工农产品的“剪刀差”长期存在，农业生产者在农业经济向工业经济转型的发展过程中做出了巨大牺牲；实行市场经济以来，随着我国人口数量增长、城市化进程加快、国民消费结构升级以及食物加工需求的扩大，国内农产品需求不断高涨，但随着我国加入世界贸易组织，国内农产品市场已高度开放，平均关税水平只有15.2%，约为世界平均水平的1/4，近年来国内主要农产品都已表现为净进口，其中以大豆尤甚，当前国内大豆榨油用原料市场基本全部被国外大豆占有，尽管国内大豆需求剧增但国内农业生产者却无法分享经济发展所带来的红利。

起初大豆进口只是为了弥补国内供给不足，但是随着大豆进口的持续增加，国内大豆播种面积先增后减，特别是在最近几年开始锐减，2009～2012年，大豆进口规模增加25.2%，国内大豆播种面积下降21.7%，说明进口大豆已经从初始时期填补国内供给空缺的角色转向对国产大豆的替代。为了应对进口大豆的冲击，国家曾于2008年实施大豆临时收储制度，但结果却导致产销脱节：一方面企业的原料需求得不到满足，另一方面国家政策扶植下还难以消化剩余（李孝忠，2009），在进口大豆仍然源源不断涌入的形势下，纯粹依靠价格保护的手段因为财政成本和库存成本的增加而不具有可持续性。从长远的角度来看，大豆主产区农户只有通过调整作物生产结构方可减少收入损失，具体表现为，种植大豆的净收入降低到一定程度后下调大豆种植比重，这取决于替代作物对当地环境的约束、大豆与替代作物之间的相对收入以及农户自身的适应能力。

本书第5章和第6章中所运用的中国农业政策分析模型从耕地资源和水资源两方面对各地的农业结构调整进行了约束，但在实际农业生产中，由于温度、土壤等其他自然条件和社会经济因素的制约，各地生产结构的调整并不一定都能够

顺利实现，一味地认为放开大豆进口后国内农业生产通过种植结构调整顺理成章就具备比较优势的观点显得过于乐观。在国际大豆大规模进口的背景下，国内豆农的种植结构调整行为不仅关乎豆农的切身利益，同时也事关今后的农业政策取向以及可能的进一步的市场开放。基于此，本章将利用2006～2010年的农户面板数据，从微观层面就大豆进口对中国大豆种植户的种植结构调整行为的影响进行实证分析。

9.1 种植结构调整的影响因素分析

9.1.1 影响农户种植结构调整因素的理论推导

为推导影响农户种植结构调整的因素，首先做出以下几点基本假设：

（1）假设农户为追求净收入（用R表示）最大化的理性经济人，生产要素主要包括资本、土地和劳动，作物i的单位面积产量可以表示为 $Y_i = f_i(X)$，$f_i(X)$ 表示生产函数，X表示影响生产的变量。

（2）假设农户总耕地面积为A，主要种植大豆和其替代作物，农户用于种植大豆的耕地占比为r，则其他作物的占比为1－r，设大豆的出售价格为 P_i，替代作物的出售价格为 P_j，用TR表示农户的种植业收入，则TR可以表示为：

$$TR = A \cdot r \cdot f_i(X) \cdot P_i + A \cdot (1-r) \cdot f_j(X) \cdot P_j \tag{9-1}$$

（3）假设资本（K）、土地（A）和劳动力（L）的数量分别为大豆种植比例的函数K(r)、A(r)和L(r)，单位价格分别为 P_K、P_A 和 P_L，此时农户的经营成本为：

$$C = C_K + C_A + C_L = P_K \cdot K(r) + P_A \cdot A(r) + P_L \cdot L(r) \tag{9-2}$$

农户的决策行为就变为净收入最大化的问题，即：

$$\max R = TR - C = A \cdot r \cdot f_i(X) \cdot P_i + A \cdot (1-r) \cdot f_j(X) \cdot P_j - [P_K \cdot K(r) + P_A \cdot A(r) + P_L \cdot L(r)] \tag{9-3}$$

等式的前两项为农户的种植业收入，等式最后一项表示按照这种种植结构关系生产的投入成本。若种植结构可以进行调整，农户播种面积调整的幅度将是价格的函数，通过对式（7－3）中的 P_i 求导得到：

$$\frac{dR}{dP_i} = \frac{dTR}{dP_i} - \frac{dC}{dP_i} = \frac{\partial TR}{\partial r} \cdot \frac{dr}{dP_i} \cdot P_i \cdot f_i(X) + A_i \cdot r \cdot f_i(X) + \frac{\partial TR}{\partial(1-r)} \cdot \frac{d(1-r)}{dP_i} \cdot$$

$$A \cdot P_j \cdot f_j(X) - \left(P_K \cdot \frac{\partial K}{\partial P_i} + P_A \cdot \frac{\partial A}{\partial P_i} + P_L \cdot \frac{\partial L}{\partial P_i}\right) \quad (9-4)$$

式（9－4）就成为结构调整的边际收入与边际成本之差，只有当二者之差为正时结构调整方可能发生。农户的种植结构变化将由农产品的价格变化引起的相对收入变化以及要素投入成本的变化所共同决定的。影响相对收入变化的因素主要是农产品的相对价格，决定要素投入成本的因素则包括农户所拥有的资本、耕地和劳动力对农产品价格变化做出的反应程度。

9.1.2　农户调整种植结构的影响因素分析

传统的农户效用理论假定农户以追求利润最大化为目标，在市场经济条件下，农民一般会对各种作物的经济效益进行比较后选择种植回报率较高的作物。因此农作物的种植结构主要是由作物间的相对收入变化所决定的。当过量大豆进口进入国内市场后，国内大豆的相对价格势必会受到严重压制，从而造成大豆种植户的相对收入下降后被迫调整种植结构。由表 9－1 可以看到，1996 年放开大豆进口至 2011 年，大豆进口规模增长超过 20 倍，大豆进口与主要谷物的生产者价格比价关系经历了两个明显的波峰，第一个波峰是 2003～2004 年“大豆危机”前夕国际大豆价格受美国农业部关于美豆将大幅减产预测后出现较大幅度上涨，第二个波峰则是由于 2007～2008 年全球粮食危机造成的大豆价格剧涨，其余年份则基本表现为大豆与粮食比价关系持续下降的局面，由此可知大豆进口对国内大豆生产者相对价格带来明显下降。

表 9－1　大豆与主要谷物生产者价格比价关系

年份	大豆水稻比价	大豆小麦比价	大豆玉米比价	大豆进口增长
1997	1	1	1	1
1998	0.78	0.79	0.78	1.31
1999	0.81	0.77	0.84	3.44
2000	0.92	0.95	0.89	4.51
2001	0.83	0.86	0.74	3.53
2002	0.99	1.01	0.90	7.28
2003	1.13	1.22	1.03	5.76
2004	0.82	0.88	0.90	8.78
2005	0.76	0.87	0.86	9.63
2006	0.72	0.82	0.73	9.77

续表

年份	大豆水稻比价	大豆小麦比价	大豆玉米比价	大豆进口增长
2007	1.12	1.28	1.03	12.86
2008	0.90	1.04	0.94	13.98
2009	0.86	0.93	0.83	17.12
2010	0.76	0.91	0.77	17.80
2011	0.70	0.92	0.71	20.15

资料来源：比价关系为笔者根据历年《全国农产品成本收入资料汇编》计算所得，大豆进口量根据历年《中国农村统计年鉴》计算。

在现实生活中，农户的生产决策往往是基于多目标的，除了传统的利润最大化目标外，还有规避风险、减少劳动力投入等优化目标，以农业为主的农户更加偏重利润和风险目标，而以非农业为主的农户则更加重视减少家庭劳动力目标（刘莹、黄季焜，2010），劳动力投入因素对种植结构调整的作用主要通过以下两方面来体现：一方面非农就业的机会成本直接影响农户作物调整后的家庭总收入，若结构调整后的劳动投入强度较大则会面临较大的机会成本，最终可能会制约种植结构的调整；另一方面农户对闲暇效用的诉求将会促使其选择劳动力投入较少的作物结构格局，因此农户的非农就业收入和务农机会成本对于农户的种植结构同样重要。非农就业的影响因素包括农户家中的劳动力数量、劳动力素质和非农就业环境。一般来讲，家中劳动力越多、劳动力素质越高、当地非农就业机会越多，农户选择非农就业的可能性越大；农户对闲暇效用的追求主要受种植习惯、农业劳动力个体经济特征、家庭收入水平等因素的影响，当农户习惯了劳动力投入较少的作物种植习惯，让其再去改变种植结构以及投入更多的劳动力会变得更难，非农就业机会越多、家庭收入越高，越不太可能去耗费更多的劳动力去从事新作物的种植。

风险最小化在农业生产者决策时同样尤为重要。风险最小化是指农户为了平抑收入波动对家庭生活造成的影响而采取的规避风险的种植模式，其目标仍然是为了追求长期的平均利润最大化，不同的农户对待农业经营风险的态度和偏好依据农户自身的社会经济特征而存在差异。对风险偏好的选择主要是由农户的家庭抗风险能力与个人特征所表征的。家庭的风险承受能力体现在其收入来源的多样性，具体可包括农户家中人口数量、主要劳动力的受教育水平、耕地面积、家庭总收入和农业收入占家庭收入的比重等。

根据以上分析，我们大豆种植户进行种植结构调整的因素主要分为利润最大化、节约劳动力和风险规避三个方面。具体包括上一年度大豆与替代作物的相对价格、农户的个体特征（主要劳动力的自我认定的身体健康状况、受培训状况、受教育程度和非农就业时间等）和家庭经济特征（家庭经营类型、家庭劳动力数量、耕地数量、地块数量、家庭总收入和大豆收入对总收入的重要程度等）。

9.2 实证模型及变量设置

由于我们主要考察大豆进口对农户种植结构的影响，因此模型中的因变量用大豆种植面积占总耕地面积的比重来表示，由于会有一部分大豆农户的种植结构并不发生变化，此时因变量会出现零值状况，在此运用 Tobit 模型可以解决这一问题。

根据理论模型，我们将实证模型具体表示如下：

$$Y_{ijt}^{*} = \beta_0 + \beta_1 P_{ij(t-1)}/P_{is(t-1)} + \beta_2 R_{ij(t-1)} + \beta_3 A_{ijt} + \beta_4 J_{ijt} + \beta_5 AL_{ijt} + \beta_6 H_{ijt} + \beta_7 Edu_{ijt} + \beta_8 AP_{ijt} + \beta_9 NA_{ijt} + \beta_{10} DK_{ijt} + \mu_{ijt}$$

$$\mu_{ijt} \sim Normal(0, \sigma^2)$$

$$Y_{ijt} = \begin{cases} Y_{ijt}^{*}, & \text{if } 0 < Y_{ijt}^{*} \leqslant 1 \\ 0, & \text{if } Y_{ijt}^{*} \leqslant 0 \end{cases} \tag{9-5}$$

式中，Y_{ijt}表示 i 地的 j 农户在第 t 年的大豆种植比例，Y_{ijt}^{*}表示潜变量且满足经典线性模型假设。当 $Y_{ijt}^{*} > 0$ 时，所观测到的变量 Y_{ijt}等于 Y_{ijt}^{*}，当 $Y_{ijt}^{*} \leqslant 0$ 时，则 $Y_{ijt} = 0$。

$P_{ij(t-1)}$表示 i 地 j 农户在 t-1 年出售大豆的价格；$P_{is(t-1)}$表示 i 地 j 农户在 t-1 年出售玉米的价格，本处之所以选择玉米作为大豆的替代作物主要是考虑到大豆是旱地作物，而玉米也是旱地作物，二者的种植时期也基本相似，从全国的生产实际来看，玉米也为大豆的主要替代作物；$R_{ij(t-1)}$表示 i 地 j 农户在 t-1 年大豆收入占家庭总收入的比重；A_{ijt}表示 i 地 j 农户在 t 年年初所拥有的耕地面积数量；J_{ijt}表示 i 地 j 农户在 t 年的家庭经营主业；AL_{ijt}表示 i 地 j 农户家庭中在 t 年所拥有的农业劳动力数量；H_{ijt}表示 i 地 j 农户家庭中主要劳动力在 t 年的自我健康认定状况；Edu_{ijt}表示 i 地 j 农户家庭种植决策者的受教育程度；AP_{ijt}表示 i 地 j 农户家庭种植决策者的农业培训状况；$NA_{ij(t-1)}$表示 i 地 j 农户决策者在 t-1 年的非农就业时间；DK_{ijt}表示 i 地 j 农户在 t 年初耕地的地块数量。

9.3　数据来源与描述性统计

9.3.1　数据来源及样本选取说明

本章实证数据采用微观农户数据，数据来源于农业部农村固定观察点的农户调查部分，该调查样本分布广泛，样本数量大，涵盖除港澳台之外的31省（市、自治区）23000多农户，350个行政村。不同于一些研究将整个地区所有农户纳入分析模型，根据研究需要，我们对样本进行了筛选，以使样本数据更具针对性：

首先，在全国范围内按照所处地理位置、经济发展水平以及农业生产类型的特点，选取六个大豆主要生产省（黑龙江、吉林、安徽、河南、江苏和河北）。近几年这六省大豆播种面积占全国大豆播种面积的比重接近70%，选取这六省的大豆农户作为研究对象具有良好的代表性。

其次，在源数据中每个省份选取若干村作为研究对象，但实际上并非所有村都适合种植大豆，因此考虑到大豆生产的自然条件和历史条件约束，我们在选取好大豆主产省份之后，将从1995年就有大范围种植大豆的村庄作为我们的研究对象，避免将不适宜种大豆的地区纳入模型造成偏误，在所选村庄的基础上（见表9-2），我们剔除掉该村不再从事农业生产经营的农户，从而形成最终的农户调查样本，共计1818个。

表9-2　样本调查地区及抽样村庄

东北地区		黄淮地区	
吉林	集安市大榆林镇大甸子村	河北	黄骅市西白庄
吉林	靖宇县龙泉镇程山村	河北	丰润县岩口乡比沽铀村
吉林	榆树市刘家镇沿江村	江苏	兴化市钓鱼乡西俸禄村
吉林	吉林市桦甸市向阳村	江苏	兴化市钓鱼乡陈木村
吉林	抚松县仙人桥镇黄家葳子村	江苏	句容市东昌镇东昌村
黑龙江	肇东市宋站镇瑞光村	江苏	句容市东昌镇石坑村
黑龙江	尚志市元宝镇向前进村	江苏	如皋市江安乡北小庄村

续表

东北地区		黄淮地区	
黑龙江	宾县新立乡胜荣村	安徽	濉溪县孙町乡郑桥村
黑龙江	克山县古北乡保安村	安徽	灵璧县晏路乡高田村
黑龙江	甘南县长山乡建华村	安徽	太和县城关镇关北村
黑龙江	桦南县土龙山镇永发村	安徽	金寨县桃岭乡金桥村
黑龙江	富锦市永福乡太和村	安徽	青阳县凌阳乡红星村
黑龙江	东宁县道河乡岭后村	安徽	歙县杞梓里镇梓二村
黑龙江	黑河市爱辉区西三家子村	安徽	祁门县大坦乡枫林村
黑龙江	泰来县胜利乡五家子村	河南	唐河县处岗乡王屯村
		河南	新蔡县十里铺乡祖岗村
		河南	台前县后方乡大寺郭村

资料来源：农业部固定观察点数据库。

最后，为了考察农业生产的动态性变化并考虑了轮作制度的影响，我们同样的农户在2006年、2008年和2010年3年的面板数据来分析大豆主产区豆农种植结构的动态变化。

表9－3　样本省大豆播种面积及占全国大豆播种面积比重

单位：万亩、%

年份＼省份	黑龙江	吉林	河北	江苏	安徽	河南	占全国比重
1995	3769.2	567.9	722.1	302	662.1	839.1	56.3
2000	4302.51	808.5	635.55	373.8	1023.3	847.05	57.2
2005	5322.6	757.2	382.35	322.2	1375.5	800.4	62.3
2006	6369.15	363.3	316.35	319.5	1462.95	808.65	69.1
2007	5713.2	667.35	282.75	334.05	1407	703.2	69.4
2008	6054.75	685.65	281.4	349.2	1482.6	729.15	70.0
2009	6011.69	656.1	248.72	349.44	1454.97	700.5	68.3
2010	5321.85	565.2	221.85	340.35	1408.35	679.5	66.8
2011	4802.6	457.24	204.14	329.57	1328.87	668.54	65.8

资料来源：中国种植业信息网，http：//www.zzys.gov.cn/。

9.3.2 描述性统计分析

9.3.2.1 全国大豆种植户描述性统计分析

表9－4分别对2006年、2008年和2010年全国大豆农户的主要特征进行了描述性统计，从表中我们可以看出，大豆播种面积比重下降明显，5年间由0.31降至0.27，家庭经营耕地面积规模明显扩大，由16.5亩增至18.4亩，这说明大豆种植户经营规模有较大提高；农户的总收入增加明显，由22512元增至38903元，户均增收16391元，其中大豆收入由3717.7元上升到8731.7元，提高5014元，由此说明农户家庭收入的增加主要来自大豆收入之外；在家庭收入来源中，以农业经营为主的比例由0.4下降到0.36，说明农户的非农收入比重有所增加，大豆收入占家庭总收入的比重维持在11%～13%；农业劳动力的数量由2.3人上升至2.5人；户主在家居住时间缩短6.5天，意味着农户的非农就业时间有所增加；家庭决策者受到职业培训与农业培训的比率均有所降低；大豆和玉米出售价格均有所提高，但大豆价格增幅较大。

表9－4 2006～2010年全国大豆种植户主要特征变化情况①

变量名称	变量定义及说明	2006年	2008年	2010年
大豆比重	大豆播种面积/总播种面积	0.31	0.30	0.27
收入来源	家庭经营为主＝1，其他＝0	0.40	0.38	0.36
农业劳动力	直接从事农业生产的劳动力数量	2.27	2.46	2.50
在家居住时间	当年在家居住天数	325.93	321.27	319.40
文化程度	实际上学年数	6.78	6.75	6.76
职业培训	是＝1，否＝0	0.08	0.07	0.04
农业培训	是＝1，否＝0	0.10	0.07	0.06
自我认定健康状况	1＝优；2＝良；3＝中；4＝差；5＝丧失劳动能力	1.63	1.66	1.70
耕地规模	包括承包地和转包地	16.51	17.24	18.44
大豆收入	大豆总价值，单位：元	3717.7	8044.2	8731.7
总收入	家庭总收入，单位：元	22511.8	31733.0	38903.3
大豆价格	大豆出售收入/大豆出售量，单位：元/千克	2.46	3.87	4.08

① 由于变量涉及三年数据，篇幅所限，描述性统计部分仅给出三年变量均值，下同。

续表

变量名称	变量定义及说明	2006 年	2008 年	2010 年
玉米价格	玉米出售收入/玉米出售量，单位：元/千克	1. 12	1. 39	1. 70
大豆收入占比	大豆总收入/家庭总收入	0. 12	0. 13	0. 11

资料来源：笔者根据调研数据整理所得。

9. 3. 2. 2 东北地区大豆生产概况及种植户描述性统计分析

在东北地区我们选取黑龙江和吉林作为代表，主要是由于黑龙江是我国最大的大豆生产地，而吉林相对于辽宁纬度更高，且大豆播种面积较辽宁更大，具有更好的代表性。

（1）黑龙江大豆种植户描述性统计分析。从表 9 – 5 可以看到，黑龙江大豆农户收入来源主要是农业收入，其比重远远高于全国平均水平，虽然近几年有少许下降，但 2010 年农户收入中的 89% 仍然依赖于农业经营；大豆在农业生产结构中占有重要地位，但近几年呈明显下滑趋势，2006 ~ 2010 年大豆播种面积占总农作物播种面积的比重由 45% 下降至 35%；家庭经营决策者基本为男性，平均年龄低于全国平均水平，其在家居住的时间减少了 11 天，表示非农就业时间有所增加，受文化程度约为 6. 8 年，健康状况良好且变化不大；与全国农户受培训状况相似，5 年间农户受到职业培训和农业培训的比例均有所降低；大豆种植户的规模化经营程度提高，户均耕地面积数量由 43. 9 亩降至 41. 47 亩；大豆收入与家庭总收入均有大幅提高，其中大豆收入户均增加 17166 元，家庭总收入增加 17662 元，大豆收入增量构成了家庭总收入增量的绝大部分，大豆收入占比平均由 0. 3 降至 0. 28；大豆与玉米价格均有所增加，增幅分别为 67% 和 61% 。

表 9 – 5 2006 ~ 2010 年黑龙江省大豆种植户主要特征变化情况

变量名称	2006 年	2008 年	2010 年
大豆比重	0. 45	0. 41	0. 35
收入来源	0. 92	0. 90	0. 89
农业劳动力	2. 39	2. 52	2. 26
在家居住时间	345. 67	336. 44	334. 65
文化程度	6. 81	6. 71	6. 78
职业培训	0. 08	0. 07	0. 06

续表

变量名称	2006年	2008年	2010年
农业培训	0.23	0.12	0.12
自我认定健康状况	1.46	1.51	1.58
年初耕地面积	43.90	42.37	41.47
大豆收入	10647.58	25008.15	27813.15
年总收入	22988.37	37333.31	40650.35
大豆价格	2.16	3.53	3.60
玉米价格	0.91	1.14	1.47
大豆收入占比	0.30	0.31	0.28
样本数		1376	

资料来源：笔者根据调研数据整理所得。

（2）吉林大豆种植户描述性统计分析。对吉林省大豆种植户所做的描述性统计结果如表9-6所示。吉林省大豆农户收入来源绝大部分以农业收入为主，农业劳动力数量、家庭决策者性别、年龄、在家居住时间、受教育程度、培训状况、健康状况等特征与黑龙江省豆农并无明显区别；但在耕地数量上，吉林耕地数量明显少于黑龙江省，户均耕地面积在20亩左右土地规模相对较小；2006年与2010年吉林农户总收入均大于黑龙江，2008年收入少于黑龙江，大豆收入远低于黑龙江，大豆收入占比亦占更小的比重，最高时为2008年的22%，2010年则降为13%，与此相对应的是大豆收入占比，2010年吉林农户的大豆收入比重仅为6%。由此可见，在吉林省的大豆农户的种植结构中，大豆并非主要的作物品种。

表9-6　2006~2010年吉林省大豆种植户主要特征变化情况

变量名称	2006年	2008年	2010年
大豆比重	0.14	0.22	0.13
收入来源	0.93	0.92	0.86
农业劳动力	2.55	1.92	2.62
在家居住时间	344.11	337.20	335.92
文化程度	6.95	6.80	6.69
职业培训	1.96	0.04	0.04
农业培训	1.92	0.08	0.08

续表

变量名称	2006 年	2008 年	2010 年
自我认定健康状况	1. 53	1. 58	1. 53
年初耕地面积	17. 99	21. 19	20. 68
年末面积	19. 30	21. 44	20. 54
大豆收入	1537. 5	4364. 9	4666. 6
年总收入	26269. 7	34425. 9	45784. 4
大豆价格	2. 32	3. 77	3. 82
玉米价格	1. 20	1. 31	1. 57
大豆收入占比	0. 05	0. 09	0. 06
样本数		424	

资料来源：笔者根据调研数据整理所得。

9. 3. 2. 3 黄淮海地区大豆种植户描述性统计分析

（1）河南省大豆种植户描述性统计分析。虽然河南全省大豆种植比例很低，但在种植大豆的农户中，大豆比重超过了 20%，2006 ~ 2010 年以农业为主要收入来源的比例明显降低，由 0. 91 降至 0. 65，与此同时家庭决策者全年在家居住时间减少了 10. 7 天，农户全年总收入从 16094 元增至 28387 元，增幅达 76. 4%。农户家中劳动力数量稍有增加，决策者性别、年龄、培训状况、自我认定健康状况均变化不大。河南省户均耕地面积不足 6 亩，较东北地区有明显减少，大豆收入占家庭总收入比重很低，占 2% ~4%。

表 9 -7 2006 ~ 2010 年河南省大豆种植户主要特征变化情况

变量名称	2006 年	2008 年	2010 年
大豆比重	0. 22	0. 29	0. 23
收入来源	0. 91	0. 81	0. 65
农业劳动力	2. 41	2. 74	2. 99
在家居住时间	292. 6	294. 0	281. 9
文化程度	6. 8	7. 0	6. 9
职业培训	0. 02	0. 04	0. 01
农业培训	0. 02	0. 04	0. 01
自我认定健康状况	1. 5	1. 6	1. 7
年初耕地面积	6. 0	5. 7	5. 6

续表

变量名称	2006 年	2008 年	2010 年
大豆收入	430.6	1045.1	989.7
年总收入	16094.1	22365.9	28387.1
大豆价格	2.4	4.0	3.9
玉米价格	1.2	1.5	1.8
大豆收入占比	0.02	0.04	0.03
样本数		374	

资料来源：笔者根据调研数据整理所得。

(2) 安徽省大豆种植户描述性统计分析。在安徽省种植大豆的农户样本中，农户户均耕地面积为2.6亩左右，其中大豆种植比例21%升至27%，但大豆收入较低，占家庭总收入的比重微乎其微；农户的收入来源中，说明安徽地区农户非农收入比重较高，依靠农业收入为主的比重仅有一半，远远低于东北地区和河南，2006～2010年家中决策者全年在家居住时间减少了14.6天，表明外出务工时间明显增加。

表9－8 2006～2010年安徽省大豆种植户主要特征变化情况

变量名称	2006 年	2008 年	2010 年
大豆比重	0.21	0.24	0.27
收入来源	0.59	0.55	0.50
农业劳动力	2.04	2.25	2.45
在家居住时间	303.26	292.63	288.69
文化程度	6.25	6.24	6.29
职业培训	0.06	0.06	0.03
农业培训	0.06	0.05	0.06
自我认定健康状况	2.02	2.00	2.01
年初耕地面积	2.68	2.67	2.55
大豆收入	98.80	241.82	164.70
年总收入	16939.6	22833.0	29328.5
大豆价格	2.66	3.79	4.39
玉米价格	1.20	1.49	1.87
大豆收入占比	0.01	0.01	0.004
样本数		917	

资料来源：笔者根据调研数据整理所得。

（3）江苏省大豆种植户描述性统计分析。江苏大豆种植户户均耕地面积约有4亩，其中大豆比重在17%～19%，变化并无明显，农户收入来源主要依靠农业以外的收入，大豆收入占家庭收入的比重仅有2%；虽然安徽和江苏农户都主要依靠非农就业收入，但江苏农户的决策者在家居住时间明显高于安徽，这与江苏自身的经济发展水平有关，农户大部分在当地直接就业，无须离家；江苏农户的培训状况与其他几省并无明显异同，但家庭决策者的文化程度比其他省份略高。

表9-9　2006～2010年江苏省大豆种植户主要特征变化情况

变量名称	2006年	2008年	2010年
大豆比重	0.18	0.17	0.19
收入来源	0.60	0.48	0.45
农业劳动力	2.06	2.38	2.38
在家居住时间	315.75	318.91	327.57
文化程度	8.48	8.50	8.48
职业培训	0.14	0.12	0.02
农业培训	0.03	0.02	0.02
自我认定健康状况	1.67	1.63	1.68
年初耕地面积	4.05	4.13	3.94
大豆收入	458.8	735.7	704.5
年总收入	31215.8	37679.8	45655.5
大豆价格	2.85	4.71	4.51
玉米价格	1.32	1.72	1.86
大豆收入占比	0.02	0.02	0.02
样本数		650	

资料来源：笔者根据调研数据整理所得。

（4）河北省大豆种植户描述性统计分析。2006～2010年，河北省大豆种植户耕地面积并无明显变化，维持在7.6～7.7亩，但大豆种植比例从17%下降到4%。由此可见，河北大豆生产下滑严重；大豆种植户中仍然有75%的农户以农业经营为主，其中大豆收入占家庭总收入的1%～3%；家中决策者全年在家居

住时间高达 354. 4 天，明显高于其他省份。

表 9 – 10　2006 ~ 2010 年河北省大豆种植户主要特征变化情况

变量名称	2006 年	2008 年	2010 年
大豆比重	0. 17	0. 09	0. 04
收入来源	0. 76	0. 78	0. 75
农业劳动力	1. 93	2. 31	2. 31
在家居住时间	343. 17	349. 22	354. 42
文化程度	6. 38	6. 48	6. 49
职业培训	0. 10	0. 10	0. 03
农业培训	0. 01	0. 02	0. 01
自我认定健康状况	1. 88	2. 03	2. 14
年初耕地面积	7. 61	7. 66	7. 68
大豆收入	496. 60	760. 92	642. 28
年总收入	19165. 91	29280. 29	44263. 20
大豆价格	2. 60	3. 99	4. 68
玉米价格	1. 18	1. 52	1. 85
大豆收入占比	0. 03	0. 02	0. 01
样本数		394	

资料来源：笔者根据调研数据整理所得。

河南、安徽、江苏与河北同为黄淮海地区的大豆主要产区，但在大豆种植比重、收入来源、非农就业、耕地数量、家庭收入等方面存在较大的差异。河南与安徽农户大豆种植比重超过了 20%，江苏农户大豆种植比例接近 20%，而河北农户的大豆种植比重则从 17% 降至 4%；从收入方面来看，家庭绝对收入从高到低依次为江苏、河北、安徽和河南，各省农户家庭收入中对农业经营的依赖性存在明显差异，河北约有 3/4 的农户家庭收入主要依赖于农业，河南农业收入比重发生较大变化，对农业的依赖度从 91% 降至 65%，安徽与江苏则分别从 59% 和 60% 降到 50% 和 45%；黄淮海地区各省的大豆收入比重均不足 5%，远低于东北地区农户收入对大豆的依赖。

9.4 大豆种植结构调整影响因素实证结果

9.4.1 东北地区农户大豆种植结构调整影响因素实证结果

表9-11给出了东北地区农户大豆结构调整行为的回归结果。从对数似然比可知模型整体回归效果良好，大部分变量统计显著，表明回归结果有较强的可靠性。

表9-11 东北地区农户大豆结构调整行为回归结果

解释变量	黑龙江		吉林	
	系数	Z值	系数	Z值
ln（大豆相对价格）	0.225**	1.624	0.576***	2.816
大豆收入占比	1.441***	89.304	3.540***	3.165
家庭收入来源类型	0.164***	5.007	-0.003	-0.018
ln（农业劳动劳动力数）	0.036***	2.417	-0.007	-0.331
农业就业时间	0.069**	2.312	0.296	0.946
ln（受教育年限）	0.032**	1.925	0.014	0.337
农业培训	0.093***	5.951	0.103*	1.049
ln（健康状况）	0.034**	2.394	0.098**	0.942
ln（耕地规模）	-0.018***	-5.300	-0.163**	-1.484
常数项	-0.404***	-3.000	-0.836*	-0.97
对数似然比	-319.424		-507.053	
样本量	2064		596	

注：*、**、***表示回归系数分别在10%、5%和1%水平上显著，下同。

资料来源：笔者经计算所得。

9.4.1.1 相对价格对大豆种植比例的影响

东北地区大豆和玉米的相对价格对大豆种植比重具有显著的正影响，这说明在东北地区大豆与玉米之间存在明显的竞争关系，二者的相对价格对大豆种植比例具有显著的正向作用。当大豆价格相对玉米价格下降时，大豆在农户的种植结

构中的比例则会相应降低，因此当进口大豆大规模地进入国内市场后国内市场对当地大豆的需求降低，当地国产大豆相对价格降低，大豆农户相对收入减少后降低大豆种植比重。值得注意的是，吉林省大豆相对价格的系数值更大，表示吉林大豆种植比例较黑龙江受大豆相对价格的影响更大，说明大豆与玉米之间可供调整的空间更大，而黑龙江受大豆相对价格的影响而进行结构调整的空间相对较小。

9.4.1.2 家庭收入类型及大豆收入占比对大豆种植比例的影响

黑龙江省家庭收入来源类型对大豆种植比例具有显著正向作用，家庭农业收入占比越高的农户其大豆种植比例越高，这印证了黑龙江地区大豆是其最主要的农作物之一，而吉林省家庭收入来源项系数很小且不显著，说明吉林地区农户家庭收入来源类型对大豆种植比例并无影响，同时表明在吉林省大豆对农户收入的重要性远低于黑龙江；大豆收入占家庭总收入比重对两省大豆种植比例均具有显著的正向作用，大豆收入占比越高，则大豆种植比重越高，这意味着越是以大豆收入作为家庭主要收入的地区，其种植结构越难以调整，农户越容易在大豆大量进口的过程中受到收入上的冲击，从而使该地区的农户收入具有较强的脆弱性。

9.4.1.3 劳动力因素对大豆种植比例的影响

劳动力数量对黑龙江大豆种植比例影响显著，但在吉林数值较小且并不显著。黑龙江农户农业劳动力数量越多，大豆种植比例越高，这与黑龙江地区大豆为主要的农作物有关，由于大豆一般为专业化生产，其标准化程度、机械化程度和规模化程度都相对较高，家中农业劳动力数量越多意味着该农户家庭收入中对农业经营收入的依赖性越大，因此大豆种植比例也越高；种植决策者在家居住时间对大豆种植具有正向影响，这说明农业决策者在外居住时间越久越会减少大豆的种植比例，在外居住时间反映的是农户在外非农就业时间的长短，因此非农就业对大豆种植比例具有负向影响，同样是因为大豆在吉林并不是主要的作物品种，该项系数对吉林省大豆农户并不显著；农业培训会增加农户大豆种植比例，这可能与当地政府实施的大豆振兴计划①以及与之相关的政府引导推动有关；农户决策者的健康状况越佳，则农户越会减少大豆的种植比例，这可能是由于决策者身体状况越好，对大豆相对收入下降越敏感，越有能力和资本去改变种植结构。

9.4.1.4 耕地规模对大豆种植比例的影响

农户家庭耕地面积对大豆种植比重具有显著的负向影响。家庭耕地经营规模

① 人民网：《黑龙江实施大豆振兴计划》，http：//www. people. com. cn/GB/jingji/1046/1947497. html。

越大，大豆种植比重越低，原因是这一地区农户主要以农业收入为主，而大豆在农业生产中又占据重要地位，家庭收入受大豆相对价格下降冲击影响较大，近年来，随着大豆进口规模的扩大，东北内陆地区大豆加工产业逐渐转移到沿海地区，当地大豆的收购价格相对下降，同时大豆交易成本上升，结果导致农户的相对收入下降显著，因此该地区农户经营规模越大越可能会降低大豆的种植比例，通过改种其他经济效益相对更高的农作物来填补大豆收入下降造成的损失；所以，农户地块数越多，大豆种植比重越高，可能的原因是地块数越多的耕地总规模也越大。

从黑龙江与吉林两省农户大豆种植比例回归模型结果可以得知，尽管两省农业生产结构差异较大，但对于大豆种植户而言，影响大豆种植比重的因素大致相同：大豆与替代作物的相对价格会直接促使农户改变种植结构，大豆的相对价格越高，大豆种植比重越高，但黑龙江相对于吉林进行结构调整的空间更小；农户农业收入比重越大、大豆收入占比越高的农户，其大豆生产往往越集中，也越难以进行生产结构的调整；农户的耕地规模越大，大豆种植比例越低，说明种植大户更倾向于降低大豆种植比重。不同之处在于，黑龙江地区农户大豆种植的比重更高，生产更加集中，进行种植结构调整的条件制约越大，因此面对大豆进口可供调整的空间相对较小，因此更容易受到大豆进口的冲击。

9.4.2 黄淮海地区大豆种植结构调整影响因素实证结果

安徽、江苏、河南和河北是黄淮海地区大豆主要生产省份，大豆种植比例相比东北地区较低，2010 年以上四省农户大豆种植比例分别为 27%、19%、23% 和 4%，大豆收入占家庭总收入的比重也远低于东北地区，2010 年大豆收入占比依次为 0.4%、2%、3% 和 1%，由此说明在黄淮海产区大豆并非农户收入的主要来源，大豆对于农户家庭家庭经济的重要性要远小于东北地区。

从表 7－21 的回归结果来看，安徽省大豆相对价格和家庭经济特征变量均较显著，但农业劳动力数量对大豆种植比例并不显著，这是因为大豆在当地的种植规模相对较小，不需要使用很多劳动力，因此劳动力的数量对大豆种植结构调整并无关系。大豆的相对价格对种植结构具有显著的正影响，这说明大豆进口同样对当地大豆种植具有直接影响，其系数与吉林省相近但明显高于黑龙江省。上期大豆收入越高的农户本期大豆种植比例也越高，耕地规模与种植比例呈反向关系，农户经营规模越大，大豆种植比例越低；其他农户的个体特征对大豆种植结构调整并无显著影响。

江苏省的样本回归结果显示大部分解释变量均较显著。大豆的相对价格越高，则大豆种植比例越高；上期大豆收入占比越高的农户对本期大豆种植比例具有显著的正影响，但家庭收入来源以农业为主的，大豆种植比例反而越低，说明当地大豆生产并非当地的主要作物；农业劳动力数量越多、家庭耕地面积越多、受教育程度越高、健康状况越好的农户，大豆比例越高，但系数值均较小，说明家庭劳动力状况与耕地规模对大豆种植比例影响并不大。

河南省农户样本回归结果中关键变量的显著性程度与安徽省类似，但劳动力数量对农户调整种植结构具有显著正作用，家中农业劳动力数量越多，大豆种植比例相对较高。

河北省农户样本回归结果表明，大豆的相对价格对大豆种植比例影响显著，大豆种植依然有较强的种植习惯，家中农业劳动力数量越大越会增加大豆的比重。其余变量在统计上均不显著。

总体来看，黄淮海地区大豆种植规模较小且在种植业中的比重较低。大豆的相对价格对大豆种植结构调整具有显著的正影响，但其系数均明显高于黑龙江省，这说明相对于其他省份，黑龙江地区的农户受大豆进口所致的大豆相对价格下降进行调整种植结构的程度要显著低于其他地区的农户，即大豆进口对所有地区农户的种植结构调整行为均具有显著的影响，但黑龙江地区相对于其他地区进行种植结构调整的难度更大，因此黑龙江地区农户因大豆进口所造成的收入冲击更大，从而验证了假说三。上期大豆收入占比越高的农户本期大豆种植比例也越高，说明大豆生产具有一定的路径依赖性，由于种植习惯和食用习惯以的存在，大豆生产越集中的地区越不容易改变种植结构，但在黄淮海地区由于大豆生产规模相对较小，大豆收入在农民收入结构中占比较小，有一部分农户种植大豆只是为了自给自足或者在边角地种植，而并非是为了增收，这与东北地区特别是黑龙江形成鲜明的对比，所以当国内大豆受国际大豆冲击时，对于自给自足仅满足食用需求的农户或者小规模经营的农户而言，并不会受到直接的影响或者受到的影响很小，因此这种路径依赖性并不会对农户的利益造成太大的影响；家庭土地经营规模对大豆种植比例的影响在不同省份作用略有差异，在安徽和河南，土地经营规模越大，大豆种植比例越低，这与东北二省一致，而在江苏和河北土地经营规模越大，大豆种植比例反而越高，但系数均较小且河北省系数并不显著，这可能是由每个省份大豆的使用类型所决定的。

表 9-12 黄淮海地区农户大豆种植比例回归结果

解释变量	安徽		江苏		河南		河北	
	系数	Z 值	系数	Z 值	系数	Z 值	系数	Z 值
ln（大豆相对价格）	0.61***	3.74	0.59***	3.54	0.65**	3.08	0.76**	2.28
大豆收入占比	31.82*	6.52	6.00***	17.93	5.26***	15.09	4.36***	10.09
家庭收入来源类型	-0.73**	-2.23	-0.12***	-8.92	-0.06**	-2.34	-0.03*	-2.02
ln（农业劳动劳动力数）	0.86	0.78	0.02**	2.00	0.04***	3.51	0.03***	3.81
在家居住时间	14.24	1.18	-0.03	-1.04	-0.01	-0.35	-0.02	-0.66
ln（受教育年限）	0.60	0.96	0.02*	1.62	0.002	-0.10	0.002	-0.15
农业培训	34.04	1.05	-0.04	-1.00	0.05	1.06	0.05	0.77
ln（健康状况）	0.45	0.40	-0.03**	-2.06	-0.01	-0.45	-0.02	-1.54
ln（耕地规模）	-3.88*	-1.32	0.01***	2.82	-0.01*	-1.43	-0.002	-0.44
常数项	-13.33	-1.01	-0.31*	-1.72	0.19	0.83	-0.06	-0.31
对数似然比	-6769.040		104.732		87.224		44.351	
样本量	1376		650		374		394	

资料来源：笔者经计算所得。

9.5 本章小结

随着大豆进口规模的增大，国内大豆价格受到明显抑制，大豆与其他作物之间的比价不断降低，从而促使大豆主产区农户进行种植结构调整。本章根据全国东北和黄淮两大大豆主产区 6 个大豆主产省 1818 个大豆种植户 2006～2010 年的面板数据就大豆进口对农户的种植结构调整行为进行了实证分析，研究发现：

（1）我国大豆种植在东北地区特别是黑龙江省的集中度最高，农户户均大豆生产规模较大，大豆种植比例在各省中依然最高，大豆收入对农户收入的重要性最大。黄淮海地区虽然也是大豆主产区域，但由于农户户均耕地规模较小且大豆在农户种植结构中的比例相对较低，则大豆收入占农户收入的比重较小。

（2）大豆的相对价格对农户的种植结构调整行为具有显著作用，但对不同省份农户的影响存在显著差异，从而说明大豆进口对国内大豆产区农户种植结构调整行为的影响存在差异。大豆与替代作物的相对价格对大豆种植比例具有显著

的正影响，但大豆相对价格下降对黑龙江地区农户调整种植结构的影响要明显小于其他大豆产区。在黑龙江，收入来源以农业为主的农户大豆种植比例更高，而在其他省份则反之，即越是以农业收入为主的农户，其大豆种植比例越高。黑龙江地区在所有省份中纬度最高，受自然条件制约最强，进行结构调整的难度最大，因此受大豆进口冲击带来的影响可能更大，而对于纬度较低、替代作物更多的其他地区，农户收入受大豆进口的影响更小。

（3）规模经营有助于农户降低大豆种植比例，减少大豆进口冲击。即农户的种植规模越大，农户大豆种植比例越低。

第10章　大豆进口对土地流转的影响

在图3－1中我们讨论了大豆进口、贸易开放程度与农户大豆收入之间的关系，第9章我们就农户应对大豆大规模进口导致国内大豆价格下降后做出的结构调整效应进行了分析，本章将在种植结构调整的基础上继续探讨大豆种植户在大豆相对收入降低后进行土地流转的可能性以及进行土地流转的影响因素。

10.1　进口冲击、非农就业与土地流转

第9章我们得出农户可以通过调整种植结构来应对大豆进口带来的冲击，以及进行结构调整的边界为调整后的边际收益等于边际调整成本。但是，当农户进行结构调整的成本过大而不调整或者进行调整后的收益无法达到农户的预期时，农户要想维持或提高其家庭总收益面临着以下两个选择：一是用扩大经营土地数量来弥补单位收益下降带来的收益损失；二是通过增加非农收入来扩大收入来源。两种选择一般都会涉及土地的流转，前者表现为土地转入，后者表现为土地转出。

土地流转。当农户的种植业收益受到价格冲击后首先会选择是否可以通过调整作物结构来弥补，即减少进口农产品作物的播种面积，代以增加替代作物的播种面积。伴随着作物结构调整的还有资源的重新配置，若是调整后的种植业净收益与调整成本之差大于或者等于价格变动前的净收益，农户将不受到进口大豆冲击的影响；若二者之差小于价格降低前的净收益，农户亩均净收益下降，只要单位净收益大于零，则通过如果可以通过土地流转扩大经营规模仍然可以弥补因大豆进口带来的收入冲击。土地流转不仅与当地的土地流转政策导向和流转环境有关，农户家中劳动力数量、劳动力受教育程度、劳动力健康状况、地块分散程度、总承包地面积、家庭主要经营类型等个体与家庭社会经济特征也是决定其是

否进行土地流转的重要因素。

非农就业。在农地总规模一定的情况下，要想提高单个农户的经营规模势必需要缩小直接从事农业生产的农户数量，使一部分农户离开直接的农业生产。虽然农地、农业生产资料可以由种植大户进行重新配置而保证农业生产的延续性，然而多余的农业劳动力却需要找到新的出路。因此，其他就业机会是农户进行土地流转的基本前提，而非农就业机会则是其他就业机会的主要渠道。农村劳动力转移速度和数量是提高土地集中度和土地规模经营的必要条件（刘凤芹，2006）。如果农户家中具有从事非农就业的劳动力则可能会通过选择非农就业来增加非农收入，此时家中的农地可能会通过土地流转转移到种植大户手中，前者通过增加非农就业收入而后者通过增加农业收入来达到提高家庭总收入的目的。非农就业机会不仅与农户自身的特征相关，如家中农业劳动力的性别、年龄、受教育程度，同时还与地区间经济发展水平所决定的非农就业机会密不可分。大豆产区分布广泛，各地经济发展水平不统一，非农就业机会与就业成本可能存在差异，由此决定的土地流转环境与土地流转行为也可能因地而异。

10.2　实证模型

通过考察大豆种植户受大豆进口冲击进行土地流转的行为以及制约因素可以从扩大经营规模和非农就业两个途径来理解开放大豆贸易对农户收入的影响机制。由于土地流转包括转入、转出和不变三种形式，若将转入土地视为经营土地的增加，则转出土地在数量上就为负，同时还存在部分土地没有发生变化的农户，即流转量为零值。鉴于此，通过构造以下有序选择（Ordered Choice）模型来进行实证分析。

$$y_{ij}^* = \beta_0 + \beta_1 L_{ij} + \beta_2 Edu_{ij} + \beta_3 H_{ij} + \beta_4 Q_{ij} + \beta_5 A_{ij} + \beta_6 Kind_{ij} + \beta_7 Age_{ij} + \beta_8 Male_{ij} + \beta_9 Rent_{ij} + \beta_{10} SI_{ij} + \beta_{11} SI_{ij} + \beta_{12} Weath_{ij} + \beta_{13} R_{ij} + \beta_{14} P_{ij} + D \times Region_{ij} + v_{ij}$$

$$y_{ij} = \begin{cases} 1, & \text{if } y_{ij}^* < 0 \\ 2, & \text{f } y_{ij}^* = 0 \\ 3, & \text{if } y_{ij}^* > 0 \end{cases} \tag{10-1}$$

其中，V_{ijt}表示误差项，服从标准正态分布或者逻辑斯蒂分布。y_{ijt}表示 i 地 j 农户 t 年转入的土地面积，y_{ijt}^*表示潜变量且满足经典线性模型，当 $y_{ijt}^* < 0$ 时，所

观测到的变量 $y_{ijt}=1$，当 $y_{ijt}^*=0$ 时，$y_{ijt}=2$，当 $y_{ijt}^*>0$ 时，$y_{ijt}=3$。通过构造每一种行为结果选择（即转入、转出或不变）的似然函数，可以利用最大似然法估计出各个参数值。只要随机误差项与各解释变量相互独立，则用最大似然法估计出来的参数值将是一致的。其他解释变量的含义如下：

L_{ij}表示 i 地 j 农户家中的农业劳动力数量；

Edu_{ij}表示 i 地 j 农户家中决策者受教育年限；

H_{ij}表示 i 地 j 农户家中主要农业劳动力的身体健康状况自评；

Q_{ij}表示 i 地 j 农户家中年初耕地地块数量；

A_{ij}表示 i 地 j 农户家中年末总耕地面积；

$Kind_{ij}$表示 i 地 j 农户家庭主要收入来源类型；

Age_{ij}表示 i 地 j 农户家庭决策者的年龄；

$Male_{ij}$表示 i 地 j 农户家庭种植决策者的性别；

$Rent_{ij}$表示 i 地 j 农户流转土地的地租；

SI_{ij}表示 i 地 j 农户大豆收入占家庭总收入比重；

$Wealth_{ij}$表示 i 地 j 农户家庭总资产；

P_{ij}表示大豆与玉米的比价；

R_{ij}表示 i 地 j 农户大豆种植比例；

$Region_{ij}$表示地区虚拟变量；

v_{ij}为随机误差项，服从标准正态分布。

10.3 数据来源及描述性统计

由于土地流转中在一年之中发生的概率较低，如果只是利用单个年份发生土地流转行为的农户得到的有效样本数量极为有限，在选取时间上也存在很大的随机性。为了克服样本及时间选择上的问题，我们在选取样本时充分考虑了流转行为的累积性特点，即重点考察一定时期内发生土地流转行为（包括转入和转出）的农户所具备的特征。为了与第 5 章大豆种植结构的影响因素相联系，我们将 2006～2010 年大豆种植户中发生的土地流转行为的农户作为研究对象，这样一方面保证了足够的农户样本容量（共收到 2074 个有效样本，其中转出土地的有 547 户，转入土地的有 413 户），另一方面可以动态地观察这 5 年内大豆种植户

的土地流转行为。因变量用2010年末所拥有的耕地面积减去2006年初所拥有的耕地面积来表示，其余解释变量定义及描述性统计如表10－1所示。

表10－1 大豆种植户土地流转相关变量描述性统计

变量名称	变量定义及说明	最大值	最小值	均值	标准差
土地流转	5年间耕地面积变化，单位：亩	167.90	－177.00	－0.73	17.50
地区变量	黑龙江和吉林＝1，其他＝0	1.00	0.00	0.43	0.50
收入来源	家庭经营为主＝1，其他＝0	1.00	0.00	0.36	0.48
农业劳动力数	直接从事农业生产的劳动力数量，单位：人	21.00	0.00	2.50	1.18
性别	男＝1，女＝0	1.00	0.00	0.96	0.19
年龄	周岁	87.00	22.00	53.56	11.23
在家居住时间	当年在家居住天数，单位：天	365.00	0.00	319.40	99.60
文化程度	实际上学年数，单位：年	16.00	0.00	6.76	2.50
职业培训	是＝1，否＝0	1.00	0.00	0.04	0.20
农业培训	是＝1，否＝0	1.00	0.00	0.06	0.24
自我认定健康状况	1＝优；2＝良；3＝中；4＝差；5＝丧失劳动能力	5.00	1.00	1.70	1.04
年末耕地面积	包括承包地和转包地，单位：亩	257.00	0.00	18.44	27.57
地块数	所有耕地的块数	40.00	0.00	4.28	3.41
年总收入	家庭总收入，单位：万元	54.02	0.02	3.89	33.94
大豆比重	大豆播种面积/总播种面积	1.00	0.00	0.27	0.38
大豆价格	大豆出售收入/大豆出售量，单位：元/千克	6.00	1.80	4.08	0.45
玉米价格	玉米出售收入/玉米出售量，单位：元/千克	3.00	0.74	1.70	0.20
大豆收入占比	大豆总收入/家庭总收入	1.00	0.00	0.11	0.25

在2006～2010年，全国大豆种植户土地流转主要表现为土地转出，平均每户转出0.73亩。其中，转入的最多达167.9亩，转出的最多达177亩。2010年，农户户均耕地面积为18.44亩，其中大豆种植比例为0.27，每户约有4.28块地；户均年收入为3.89万元，最多的有54.02多万元，收入来源主要为非家庭经营收入，即非农就业收入占家庭收入的主要部分，大豆收入占家庭总收入的比重平

均仅为11%；家庭经营主业主要为种植业，家中农业劳动力数量平均为2.5人；大豆种植户家中主要决策者多以男性为主，平均年龄为53.56岁，全年大部分时间在家居住，平均受教育年限为6.76年，受到职业培训与农业培训的比重均很低，分别为4%和6%，健康状况处于优良状态；大豆平均出售价格为4.08元/千克，玉米平均出售价格为1.7元/千克。

10.4 大豆种植户土地流转实证结果分析

由于式（10－1）中随意误差项可能服从标准正态和逻辑斯蒂分布两种可能，表10－2给出了有序Probit模型和有序Logit模型回归结果。从变量符号和显著性方面来看，两种模型回归结果均良好，差异性不大。

表10－2 大豆种植户土地流转有序选择模型实证结果

解释变量	有序 Probit		有序 Logit	
	系数	Z值	系数	Z值
地区	0.261***	2.937	0.519***	3.225
收入来源	－0.189**	－2.443	－0.359***	－2.568
农业劳动力	0.011	0.181	0.014	0.135
性别	0.061	0.502	0.087	0.429
年龄	－0.095	－0.685	－0.183	－0.763
在家居住时间	－0.018	－0.185	－0.028	－0.169
受教育年限	0.010	0.905	0.020	1.064
职业培训	－0.395***	－2.984	－0.689***	－3.006
农业培训	0.247**	2.079	0.419**	2.010
健康状况	－0.036	－0.624	－0.037	－0.365
耕地面积	0.073***	5.320	0.116***	4.982
地块数	0.295***	6.588	0.528***	6.647
家庭年收入	0.081**	2.090	0.140**	2.073
地租	－0.351***	－2.902	－0.629***	－2.995
大豆种植比重	－0.047	－0.498	－0.034	－0.211
大豆玉米价格比	－0.205*	－1.528	－0.382*	－1.637

续表

解释变量	有序 Probit		有序 Logit	
	系数	Z 值	系数	Z 值
大豆收入比重	0.435 **	2.318	0.825 ***	2.521
LIMIT_ 2：常数项	-1.839 *		-3.359 **	
LIMIT_ 3：常数项	-0.223		-0.655	
Pseudo R - squared	0.069		0.069	
LR statistic	285.685		288.093	
Prob（LR statistic）	0.000		0.000	
Log likelihood	-1941.196		-0.935	
样本量	2074		2074	

（1）大豆玉米比价对土地流转具有负向作用。大豆与替代作物的相对价格对土地流转具有显著的负作用，大豆与玉米价格比越低，大豆种植户越倾向于转入土地。这说明在全国范围内，大豆与玉米具有直接的竞争关系，大豆相对于玉米的价格越低，大豆种植户更多地反映转入土地。近年来，随着大豆进口规模的扩大，国内大豆价格受到明显抑制。由于大豆单产水平远远低于玉米，同样种植一亩大豆和玉米，假设基期亩均总收益相等，当大豆与玉米的相对价格降低时，则大豆需要更高的单产才能保持总收益不变。以2010年为例，全国大豆平均单产仅有148千克，而玉米则有452.7千克，如果大豆与玉米的相对价格下降10%，若要维持总收益不变，则需要大豆亩均产量提高45.3千克，而在现实生活中显然很难达到这一水平。因此，大豆与玉米价格比例降低将会使农户扩大经营规模来弥补收入损失。

（2）大豆主产区农户更倾向于转入土地。大豆主产区与非主产区在是否进行土地流转方面存在显著差异，由于大豆主产区的农户大豆种植比例更高，而且我国大豆主产区主要集中在纬度较高的东北地区，户均耕地规模较大，种植业收入是构成农户家庭总收入的主要部分，因此主产区大豆种植户的收入受大豆进口影响更为明显，单位收益的减少促使其增加经营规模，通过耕地数量的增加来弥补单位耕地收益减少造成的损失。而非大豆主产区大豆种植规模较小，且很多大豆并非作为商品来生产，只是自给自足，其收入受大豆价格变化影响较小，土地流转受此影响要小于大豆主产区。大豆收入与家庭总收入占比越高的农户更愿意转入土地，说明以大豆收入为主的农户受大豆收益下降影响严重，且受制于收入渠道的有限性，无法不依靠农业来维系生活，只有通过扩大种植规模来增加收入。值得注意的是，扩大经营规模并不意味着扩大大豆种植比例，实证结果显示，原来大豆种植比重越高的农户更倾向于转出土地，但这一系数在统计上并不显著。

（3）种植规模对土地流转具有显著正影响。大豆种植户土地经营规模越大，越倾向于转入土地，这是由于经营规模越大的农户，其投入在农业生产的人力资本和精力越多，扩大经营规模的边际收益大于边际投入；农户耕地地块数量越多，土地转入行为越普遍，这是因为家中拥有耕地面积越多的农户发生土地转入的越多，而耕地数量多也往往意味着耕地块数也多，同时可能也有由于土地“细碎化”导致经营成本太大，农户希望通过土地转入扩大经营规模，降低经营成本的因素。

（4）家庭收入对土地流转的影响。家庭收入主要依靠家庭自主经营的农户更倾向于转出土地，家庭年收入越高的农户越倾向于转入土地，这是因为大豆种植户如果以家庭种植业为主，其受大豆相对收益减少影响比较明显，拥有较少耕地面积的农户以转出土地为主，拥有较多耕地、家庭收入较高的种植大户更有资本和实力成为转入土地的主体。由此可见，虽然大豆进口对国内豆农都会有比较收益下降的影响，但不同经营规模农户的应激反应存在明显的差异。

（5）培训对土地流转具有显著影响。非农职业培训与农业培训对土地流转具有截然相反的作用，受到非农就业培训的农户更倾向于转出土地，而受到农业培训的农户则更倾向于转入土地。由于非农就业培训主要是指培养农户的非农就业能力，作用是使家庭农业劳动力转移出农业生产，受过非农就业培训、具有非农就业能力的农户继续从事农业生产的机会成本变大，因此土地转出更为普遍。农业培训的内容是农业生产技术与农产品经营，作用是更好地进行农业生产，因此受到农业培训的农户更有能力扩大经营规模。

（6）地租对土地流转具有显著负向作用。地租越高，大豆种植户越倾向于转出土地。一般来讲，地租的高低与该土地上经营的作物产值具有直接的关系。当大豆收益下降时，如果无法及时地调整作物种植结构，则地租往往也会随之下降，因此大豆生产比较集中的地区由于调整成本较大，地租较低，土地转入的行为更为普遍；而对于大豆种植不集中、大豆种植比例较低的地区，大豆收益的下降一般并不会造成该地区地租的下降，因此该地区大豆农户更倾向于转出土地。

10.5　稳健性检验

在多元选择模型中，由于存在一部分并没有发生土地流转的农户，这部分农户的土地流转选择行为可能是由于缺少外部环境而没有发生，其流转意愿可能并非正好介于土地转入与土地转出之间，因此，为了进一步确定农户土地流转行为特征及其作用机制，有必要专门将土地转入与土地转出的农户从总样本中分离出来专门分析。通过将转出与转入土地作为因变量利用二元选择模型（转出 =0，转入 =1）重新进行回归得到的结果如表10－3所示。

表10－3　大豆种植户土地流转行为二元选择模型实证结果

解释变量	二元 Probit		二元 Logit	
	系数	Z值	系数	Z值
地区	0.222*	1.682	0.325*	1.412
收入来源	－0.186*	－1.502	－0.343*	－1.639
农业劳动力	0.043	0.471	0.073	0.460
性别	0.291	0.995	0.493	0.994
年龄	－0.167	－0.657	－0.238	－0.556
在家居住时间	0.038	0.199	0.042	0.132
受教育年限	0.003	0.170	0.011	0.319
职业培训	－0.656***	－2.510	－1.096***	－2.418
农业培训	0.470***	2.535	0.810***	2.517
健康状况	－0.134	－1.235	－0.230	－1.260
耕地面积	0.150***	3.720	0.292***	3.408
地块数	0.459***	6.013	0.743**	5.615
家庭年收入	0.154**	2.002	0.263**	1.995
地租	－0.453***	－2.432	－0.757***	－2.469
大豆种植比重	－0.486**	－1.976	－0.810*	－1.857
大豆玉米价格比	－0.419	－1.428	－0.762	－1.500
大豆收入占比	0.822**	2.291	1.360**	2.173
常数项	0.755	0.444	1.144	0.400

续表

解释变量	二元 Probit		二元 Logit	
	系数	Z 值	系数	Z 值
McFadden R^2	0.203		0.204	
LR statistic	266.262		267.536	
Prob（LR statistic）	0.000		0.000	
样本量	959		959	

利用实际发生土地流转的农户样本进行回归得到的结果中各解释变量的系数与利用全部样本进行有序选择进行回归得到的系数符号完全一致，且两种回归结果系数的显著性水平基本一致，仅有价格比项在二元选择模型中并不显著，这可能与部分地区玉米并非唯一的大豆替代作物有关。从模型的整体回归效果与单个变量的经济含义来看，表 10－3 有力地证明了上述结论的稳健性和说服力。

10.6 分地区类型大豆种植户土地流转行为实证分析

利用全部样本进行实证回归结果的地域变量项表明，大豆种植户的土地流转行为存在明显的地域性差异，即大豆生产更加集中、大豆种植比例更高的地区，农户进行土地规模经营的现象更为普遍。既然不同地区之间土地流转存在明显的区别，那么不同类型区域的大豆种植户进行土地流转是否存在其他方面的差异是进一步考察豆农受大豆进口影响所做应激反应的关键。以下分别从大豆种植比例较高的地区和较低的地区分别选择两省作为研究对象，从东北地区选取黑龙江省和吉林省、黄淮海地区选取安徽省和江苏省作为研究对象。由于从每个省份筛选出的大豆种植户中有相当一部分并没有发生土地流转的样本，考虑到样本数量的限制，本处仅将实际发生土地流转的农户纳入研究范围，采用二元选择模型来考察各地大豆农户在土体流转行为方面的异同。

10.6.1 黑龙江省大豆种植户土地流转行为实证分析

（1）黑龙江省大豆种植户土地流转行为描述性统计分析。从实际发生土地流转的数量来看，黑龙江省大豆种植户更多地表现为转入，平均转出土地 5.56

亩，最多转出177亩，最多转入167.9亩，当地平均地租每年225.27元/亩；户均耕地规模57.84亩，其中大豆种植比例为47%，户均耕地地块数量为4.07块；94%的农户收入来源以家庭经营为主，种植业占家庭经营的比重为91%，户均全年收入为4.83万元，其中大豆收入占家庭总收入的比重约为39%；每户约有2.34名农业劳动力，对家庭经营进行决策的基本为男性，平均年龄为50.21岁，受教育年限为7.04年，全年大部分时间都是在家居住，受过农业培训的约有16%，受过职业培训的约为8%，平均健康状况优良。

表10-4 黑龙江省大豆种植户土地流转相关变量描述性统计

变量名称	变量定义及说明	最大值	最小值	均值	标准差
土地流转	转入=1，转出=0	1	0	0.52	0.33
收入来源	家庭经营为主=1，其他=0	1	0	0.94	0.24
经营主业	种植业=1，其他=0	1	0	0.91	0.29
农业劳动力数	直接从事农业生产的劳动力数量，单位：人	6	1	2.34	0.86
性别	男=1，女=0	1	0	0.98	0.15
年龄	周岁	81	26	50.21	11.70
在家居住时间	当年在家居住天数，单位：天	365	0	344.66	69.91
文化程度	实际上学年数，单位：年	16	1	7.04	1.96
职业培训	是=1，否=0	1	0	0.08	0.27
农业培训	是=1，否=0	1	0	0.16	0.36
自我认定健康状况	1=优，2=良，3=中，4=差，5=丧失劳动能力	5	1	1.53	0.97
年末面积	包括承包地和转包地，单位：亩	257	0	57.84	46.77
地块数	所有耕地的块数	11	1	4.07	2.36
年总收入	家庭总收入，单位：万元	20.63	0.52	4.83	3.24
地租	当地平均地租，单位：元/亩	750	56	225.27	105.11
大豆比重	大豆播种面积/总播种面积	1	0	0.47	0.47
大豆价格	大豆出售收入/大豆出售量，单位：元/千克	3.833	3.342	3.57	0.07
玉米价格	玉米出售收入/玉米出售量，单位：元/千克	1.7	1.199	1.45	0.06
大豆收入占比	大豆总收入/家庭总收入	1	0	0.39	0.40
土地流转面积	5年间耕地面积变化，单位：亩	167.9	-177	-5.56	42.83

(2) 黑龙江省大豆种植户土地流转行为实证结果。利用二元 Logit 和二元 Probit 选择模型回归结果来看（见表 10－5），各变量的符号与显著性均呈现出一致性。从具体变量来看：

表 10－5　黑龙江省大豆种植户土地流转行为实证结果

变量名称	二元 Logit		二元 Probit	
	系数	Z 值	系数	Z 值
收入来源	0.559	0.832	0.301	0.762
经营主业	0.923*	1.667	0.558*	1.723
农业劳动力数	0.269	1.562	－0.158	1.544
性别	－0.292	－0.307	－0.141	－0.256
年龄	－0.01	－0.699	－0.005	－0.65
在家居住时间	0.002	1.13	0.001	1.202
文化程度	－0.011	－0.144	－0.006	－0.147
职业培训	－2.116***	－2.981	－1.266***	－3.135
农业培训	0.43	0.95	0.268	1.034
自我认定健康状况	－0.188	－1.142	－0.121	－1.243
年末面积	0.162***	4.55	0.098***	4.64
地块数	0.15	1.55	0.03	0.667
年总收入	0.246***	2.879	0.145***	3.534
地租	－0.226**	－1.713	－0.132**	－2.389
大豆种植比重	－3.438***	－3.108	－2.058***	－3.2
大豆相对价格	0.093	0.258	0.055	1.24
大豆收入占比	4.777***	3.572	2.865***	3.684
常数项	－11.634*	－1.477	－6.859*	－1.459
McFadden R^2	0.196		0.197	
LR statistic	84.460		84.694	
Prob（LR statistic）	0.000		0.000	
样本数	311		311	

以家庭经营收入为主要收入来源、经营主业为种植业、农业劳动力数量越多的对转入土地具有正影响；与之相反，越是以非农收入为主的农户越倾向于转出土地。与全国其他地区大豆种植户所不同的是，由于黑龙江地区户均耕地规模较

大，家中劳动力主要以务农为主，家庭收入主要依靠种植业，在种植结构中大豆占据较高的比重。过去几年中，大豆相对收益的下降以及销售成本的提高使农户家庭总收入受到较大影响，故而通过扩大经营规模来提高家庭收入。

职业培训教育对农户转出土地具有显著正影响。对农户进行的非农就业培训主要是提高农户的非农就业技能。从实证结果来看，受过职业培训的农户对转出土地效果十分明显，而恰恰相反，受过农业培训的农户更倾向于转入土地，但该项并不显著。

耕地规模与土地转入具有显著正关系。耕地数量越多的农户，越愿意转入土地，这是为了更充分地发挥劳动力的配置作用。目前，虽然黑龙江地区农户户均耕地面积在所有大豆产区规模最大，但还远远低于大豆出口国的耕地规模。投入同等数量的农业劳动力，只要人均耕地数量还没有达到其所能耕种规模的上限，就会有进一步扩大经营规模的空间。与耕地规模相对应的是耕地块数，地块数量对转入土地具有正影响，但该项并不显著。

家庭年收入越多、大豆收入占比越高，对转入土地具有显著正作用，大豆种植比重越高对转出土地越具有显著正作用。农户家庭年收入越高，越有资本去承包更多的土地，同时也具有更强的风险承受能力；大豆收入占比越高意味着农户受大豆收益波动的影响更大，其家庭对大豆收入的依赖性更大，同时也有可能是大豆收入占比越高，说明农户更难以改种其他作物，如果想增加家庭收入只有通过转入土地，扩大经营规模。

大豆种植比例对转出土地具有显著作用。近几年，随着大豆进口规模的扩大，大豆压榨加工产业向沿海地区转移，主产区大豆需求减少，大豆相对价格受到抑制。黑龙江很多地区由于自然条件的制约，可供选择的作物品种有限，农户进行种植结构调整的难度较大，大豆在种植结构中的比重越高，受大豆进口冲击的影响越严重，为了减少因大豆进口受到的冲击，就会选择转出土地，规避大豆经营风险。

地租越高越有利于转出土地。这符合市场供需规律，根据2013年《全国农产品成本资料汇编》资料，2012年全国所有大豆主产区中，黑龙江的流转地租金最高。地租越低，农户越倾向于转入土地。近几年，随着种植大豆相对收益的下降，其地租的相对价格势必将随之下降，地块种植大豆的专用性越强，地租则越低，进行土地转入的可能性越大。

个体变量中，家庭决策者为男性，年龄越大、健康状况越好的农户越倾向于转出土地，而在家居住时间越久越倾向于转入土地；反之，在外就业时间越长则越倾向于转出土地，但所有个体变量均不显著。

10.6.2 吉林省大豆种植户土地流转行为实证分析

10.6.2.1 吉林省大豆种植户土地流转行为描述性统计分析

吉林省大豆种植户中，土地转出的占54%，最多转出31.00亩，最多转入163.5亩，户均转入3.41亩，当地地租亩均101.24元；虽然同处东北地区，但吉林的耕地规模以及大豆的种植比重都远远低于黑龙江，吉林省大豆农户户均耕地面积17.83亩，比黑龙江少40亩，其中大豆种植比重为16%，较黑龙江低31%，而地块数为4.92，高于黑龙江，可见吉林大豆种植户的耕地规模相对较小，零散程度相对较高；在收入来源方面，吉林与黑龙江同样差别明显，仅有25%的农户家庭收入以家庭经营为主，大豆收入对吉林家庭总收入的影响不大，大豆收入占比仅有7%；户均农业劳动力2.54人，经营决策者以男性为主，平均为50.38岁，每年在家时间332.99天，人均受教育程度6.74年，健康状况介于优良之间，其中受过农业培训的比例为9%，受过职业培训的占4%。

表10-6 吉林省大豆种植户土地流转相关变量描述性统计

变量名称	变量定义及说明	最大值	最小值	均值	标准差
土地流转	转入=1，转出=0	1	0	0.54	0.31
收入来源	家庭经营为主=1，其他=0	1	0	0.25	0.43
经营主业	种植业=1，其他=0	1	0	0.89	0.32
农业劳动力数	直接从事农业生产的劳动力数量，单位：人	6	1	2.54	1.11
性别	男=1，女=0	1	0	0.99	0.08
年龄	周岁	75	25	50.38	10.64
在家居住时间	当年在家居住天数，单位：天	365	10	332.99	79.30
文化程度	实际上学年数，单位：年	12	0	6.74	2.15
职业培训	是=1，否=0	1	0	0.04	0.19
农业培训	是=1，否=0	1	0	0.09	0.29
自我认定健康状况	1=优，2=良，3=中，4=差，5=丧失劳动能力	5	1	1.53	0.93
年末面积	包括承包地和转包地，单位：亩	180	0	17.83	19.35
地块数	所有耕地的块数	21	1	4.92	3.45
年总收入	家庭总收入，单位：万元	54.02	0.50	4.43	4.77

续表

变量名称	变量定义及说明	最大值	最小值	均值	标准差
地租	当地平均地租，单位：元/亩	116.7	100	101.24	4.21
大豆种植比重	大豆播种面积/总播种面积	1	0	0.16	0.23
大豆价格	大豆出售收入/大豆出售量，单位：元/千克	4.76	3.45	3.82	0.11
玉米价格	玉米出售收入/玉米出售量，单位：元/千克	2.19	1.3	1.58	0.13
大豆收入占比	大豆总收入/家庭总收入	0.51	0	0.07	0.12
土地流转面积	5年间耕地面积变化，单位：亩	163.50	-31.00	3.41	17.49

10.6.2.2 吉林省大豆种植户土地流转行为实证结果

从吉林省大豆种植户土地流转的实证结果来看，收入来源对农户土地流转具有显著影响，该项在1%水平上显著，越是以农业为主的农户越倾向于转出土地，这与黑龙江地区完全相反，这可能与当地非农就业环境有关，从调查的样本中可以发现只有25%的农户家庭收入来源以家庭经营为主，非农就业为当地家庭收入的主要来源，越来越多的农户希望通过非农就业来增加家庭总收入。在家庭经营内部，以种植业为主的农户更愿意转入土地。

文化程度对转入土地有显著的正作用，受教育年限越多，就越倾向于转入土地。受过职业培训的农户更愿意转出土地，受过农业培训的农户更愿意转入土地，这点与黑龙江地区相同。家庭农业劳动力数量、决策者年龄、在家居住时间、健康状况都对转入土地有正向作用，但均不显著。

耕地规模对土地转入具有正影响，但并不显著，地块数量对转入土地有显著正影响。在一般情况下，地块越分散，经营成本越高，因此当耕地较为零散时，通过将连片耕地进行流转承租，可以有效地降低经营成本，提高整体收益。

大豆与玉米的相对价格越高，转入耕地的农户越多。反之，大豆的相对价格越低，农户转出土地越多。大豆农户年收入、大豆种植比重以及大豆收入占比均不显著。由于当地农户家庭收入中大部分以非农就业为主，家庭收入越高的很可能非农就业时间越久，收入的作用与黑龙江地区有明显差异，黑龙江地区收入越高，越有资本去承包更多耕地，而吉林地区收入主要来源于非农就业，家庭收入高只是非农就业的结果，而不会成为扩大农业经营规模的原因。

大豆种植比例与大豆收入占比并不显著，这可能与该地区农户大豆种植比例普遍较低有关，2010年，吉林大豆种植户大豆种植比例平均仅为16%，在很大程度上大豆仅是作为自给性作物，因此大豆收入占比及种植比重并不是发生土地流转行为的原因。

表 10－7　吉林省大豆种植户土地流转行为实证结果

变量名称	二元 Probit		
	系数	Z 值	P 值
收入来源	－1.327	－3.954	0.000
经营主业	0.563	1.392	0.164
农业劳动力数	0.382	1.269	0.204
年龄	0.053	0.074	0.941
在家居住时间	0.741	1.426	0.154
文化程度	0.126	1.804	0.071
职业培训	－0.923	－1.574	0.115
农业培训	0.408	0.845	0.398
自我认定健康状况	0.310	0.939	0.348
年末面积	0.082	1.072	0.284
地块数	0.985	4.128	0.000
年总收入	－0.011	－0.055	0.956
大豆种植比重	0.305	0.347	0.729
大豆相对价格	1.138	1.644	0.100
大豆收入占比	－0.022	－0.010	0.992
常数项	－6.358	－1.799	0.072
McFadden R^2	0.310		
LR statistic	67.617		
Prob（LR statistic）	0.000		
样本数	158		

10.6.3　安徽省大豆种植户土地流转行为实证分析

10.6.3.1　安徽省大豆种植户土地流转行为描述性统计分析

安徽是典型的劳务输出大省，农户家庭收入类型主要以非农收入为主，2010 年大豆种植户中 99% 的农户家庭收入依赖于以非农就业，家庭经营中以种植业为主的农户只占 52%。非农就业往往会伴随着土地的流转，从安徽省大豆种植户土地流转结果来看，74%的农户表现为土地转出，户均转出土地 0.56 亩；家庭决策者 2010 年平均在家居住时间为 288.89 天，远低于东北地区农户。除此之外，决策者的平均年龄比东北地区大 4 岁，受到的培训比率更低；农户户均农业劳动力 2.65 人，其性别、文化程度以及健康自评较东北地区并无太大差异；农户户均耕地 2.57 亩，平均 3.7 块地块，大豆种植比重达 42%，户均年收入 2.83 万元，其中大豆收入占比仅 1%。

表 10－8　安徽省大豆种植户土地流转相关变量描述性统计

变量名称	变量定义及说明	最大值	最小值	均值	标准差
土地流转	转入＝1，转出＝0	1	0	0.26	0.24
收入来源	家庭经营为主＝1，其他＝0	1	0	0.01	0.11
经营主业	种植业＝1，其他＝0	1	0	0.52	0.50
农业劳动力数	直接从事农业生产的劳动力数量，单位：人	6	1	2.65	1.06
性别	男＝1，女＝0	1	0	0.91	0.28
年龄	周岁	79	29	54.41	10.54
在家居住时间	当年在家居住天数，单位：天	365	0	288.89	130.56
文化程度	实际上学年数，单位：年	13	0.1	6.59	2.73
职业培训	是＝1，否＝0	1	0	0.04	0.20
农业培训	是＝1，否＝0	1	0	0.04	0.20
自我认定健康状况	1＝优，2＝良，3＝中，4＝差，5＝丧失劳动能力	5	1	1.85	0.96
年末耕地面积	包括承包地和转包地，单位：亩	19.2	0	2.57	3.90
地块数	所有耕地的块数	20	1	3.70	3.76
年总收入	家庭总收入，单位：万元	17.46	0.11	2.83	2.15
大豆比重	大豆播种面积/总播种面积	1	0	0.42	0.45
大豆价格	大豆出售收入/大豆出售量，单位：元/千克	5.905	3.6	4.37	0.19
玉米价格	玉米出售收入/玉米出售量，单位：元/千克	3	1.5	1.86	0.10
大豆收入占比	大豆总收入/家庭总收入	0.267	0	0.01	0.03
土地流转面积	5 年间耕地面积变化，单位：亩	12.099	－8	－0.56	2.27

10.6.3.2 安徽省大豆种植户土地流转行为实证结果

从土地流转的实证结果来看，整体回归效果较理想。从具体变量来看，以家庭经营收入为主对农户转入土地具有显著正向影响，一般以家庭经营为主的农户非农就业机会更少，而安徽当地非农就业的农户越多，对于以家庭经营为主的农户就有更多转入土地的机会。与此相对应的是在家居住天数越多，越倾向于转入土地。

农户耕地数量对土地流转并不显著，可能是由于在安徽农户户均拥有耕地规模普遍较小的缘故。农户耕地地块数量对转入土地具有显著正影响，块数越多，就越倾向于转入土地，这与东北地区相同，原因同样是出于降低经营成本的考虑。大豆种植比重越高对转出土地有正向影响，但这一系数并不显著。

决策者年龄越大、健康状况越好越倾向于转出，这两个系数均在10%水平上显著。年龄越大，继续从事农业生产的能力和意愿降低，如果家中没有继续从事农业的劳动力则会选择转出土地；健康状况越好的农村劳动力一般多为中青年，更加具备从事非农就业的资本，因此转出土地的行为也更为普遍。职业培训与农业培训均不显著，这很可能是与农户受到的培训机会很少有关。决策者其他的个体特征同样并不显著。

家庭总收入、大豆收入占比、大豆种植比重对土地流转均不显著。这是由于安徽地区大豆种植户收入主要是由非农收入构成，收入越高意味着非农就业收入就越高，同时该地区农户经营规模较小，依靠家庭非农就业外的剩余劳动力可能就能种好耕地，所以家庭总收入与土地流转并无必然联系，大豆收入占总收入的比重本身非常低，而且农户种植大豆很大程度上是为了食用与满足食用油的需求，所以大豆收入占比对农户土地流转无明显关系，大豆种植比重与大豆相对价格并不显著的原因与此类似。

表10-9 安徽省大豆种植户土地流转行为实证结果

变量名称	二元 Probit		
	系数	Z值	P值
经营主业	1.136	2.806	0.005
劳动力数	0.959	2.248	0.025
性别	0.344	0.675	0.500
年龄	-1.692	-1.717	0.086
在家居住时间	0.627	1.408	0.159

续表

变量名称	二元 Probit		
	系数	Z 值	P 值
文化程度	-0.027	-0.496	0.620
职业培训	0.291	0.476	0.634
农业培训	0.357	0.664	0.507
自我认定健康状况	0.622	1.631	0.103
年末面积	0.050	0.634	0.526
地块数	0.486	2.336	0.020
年总收入	0.175	0.474	0.635
大豆比重	-0.279	-0.499	0.618
大豆相对价格	0.133	0.130	0.896
大豆收入占比	3.153	0.758	0.448
常数项	0.869	0.144	0.886
McFadden R^2	0.394		
LR statistic	73.305		
Prob（LR statistic）	0.000		
样本数	163		

10.6.4　江苏省大豆种植户土地流转行为实证分析

（1）江苏省大豆种植户土地流转行为描述性统计分析。江苏省发生土地流转的大豆种植户中，转入土地的约占 45%，平均转出 0.37 亩，其中最多转入 14.3 亩，最多转出 33.6 亩；农户户均年收入 4.23 万元，在收入来源中，64% 的农户以家庭经营为主，家庭经营中种植业占 81%，大豆收入仅占总收入的 1%；户均耕地面积 5.61 亩，平均 4.81 块，大豆播种面积所占比重为 14%；户均农业劳动力 2.27 人，经营决策者基本为男性，平均 54.45 岁，受过 7.01 年教育，每年大约有两个月的时间不在家居住，身体健康状况良好；农户受到培训的比重很低，仅有 3% 和 1% 的农户受到过农业培训和职业培训。

（2）江苏省大豆种植户土地流转行为实证结果。从江苏大豆种植户土地流转实证结果来看（见表 10-10），模型整体回归效果较好。其中，农户的大豆种植比重越高，越容易发生土地转出行为，这与黑龙江和安徽的回归结果一致，大豆相对价格项为负，与前三省相异，但该项并不显著。

表 10-10　江苏省大豆种植户土地流转相关变量描述性统计

变量名称	变量定义及说明	最大值	最小值	均值	标准差
土地流转	转入=1，转出=0	1	0	0.45	0.28
收入来源	家庭经营为主=1，其他=0	1	0	0.64	0.48
经营主业	种植业=1，其他=0	1	0	0.81	0.39
农业劳动力数	直接从事农业生产的劳动力数量，单位：人	6	0.1	2.27	0.94
性别	男=1，女=0	1	0	0.99	0.11
年龄	周岁	82	30	54.45	10.34
在家居住时间	当年在家居住天数，单位：天	365	10	300.27	111.08
文化程度	实际上学年数，单位：年	15	1	7.01	3.15
职业培训	是=1，否=0	1	0	0.01	0.11
农业培训	是=1，否=0	1	0	0.03	0.16
自我认定健康状况	1=优，2=良，3=中，4=差，5=丧失劳动能力	5	1	1.82	1.10
年末面积	包括承包地和转包地，单位：亩	29.3	0	5.61	5.46
地块数	所有耕地的块数	36	0	4.81	5.65
年总收入	家庭总收入，单位：万元	15.15	0.26	4.23	2.44
大豆比重	大豆播种面积/总播种面积	1	0	0.14	0.20
大豆价格	大豆出售收入/大豆出售量，单位：元/千克	5	3.5	4.51	0.27
玉米价格	玉米出售收入/玉米出售量，单位：元/千克	2.307	1.5	1.88	0.08
大豆收入占比	大豆总收入/家庭总收入	0.109	0	0.01	0.02
土地流转面积	5年间耕地面积变化，单位：亩	14.30	-33.60	-0.37	4.93

耕地面积越多的农户越倾向于减少耕地规模，并表现出平均化倾向，这与前三省明显不同，原因可能是由于江苏地处东部较发达地区，农户的农外收入渠道相对更多，但同时又不愿意不再种地，所以选择通过减少经营规模的方式来权衡；地块数量对转入土地在1%水平上显著，该项与其他省一致，即通过转入土地来降低因土地分散而造成的高经营成本。

家庭年收入与大豆收入占比对转入土地均有显著的正作用，该系数与黑龙江省和安徽省一致。江苏是黄淮海地区食用大豆的主产区，这与黑龙江地区的高油

大豆具有同样的重要地位。农户家庭年总收入越高，也就越有能力、资金和抗风险能力去承包更多耕地。大豆收入占比越高，由于国内外榨油用大豆与食用型大豆价格并没有严格区分开来，进口大豆大规模进入国内后，国内大豆整体相对价格下降，豆农收益减少，大豆收入占比较高的农户要想提高农业收入势必需要扩大种植面积。

在个体特征中，文化程度与健康自评对转出土地具有显著作用。受教育年限越高、身体健康状况越好的农户越倾向于转出土地，这是因为受教育程度越高、身体健康状况越好越容易找到非农就业机会。决策者年龄、在家居住时间、农业培训等变量并不显著。

表 10 - 11　江苏省大豆种植户土地流转行为实证结果

变量名称	二元 Probit		
	系数	Z 值	P 值
收入来源	0. 185	0. 561	0. 575
经营主业	-0. 097	-0. 252	0. 801
劳动力数	0. 029	0. 081	0. 936
年龄	-1. 393	-1. 473	0. 141
在家居住时间	-0. 629	-1. 286	0. 198
文化程度	-0. 100	-1. 877	0. 061
农业培训	0. 862	1. 106	0. 269
自我认定健康状况	0. 481	1. 646	0. 100
年末面积	-0. 289	-2. 270	0. 023
地块数	0. 709	4. 030	0. 000
年总收入	0. 670	2. 250	0. 025
大豆比重	-3. 076	-2. 368	0. 018
大豆相对价格	-0. 573	-0. 595	0. 552
大豆收入占比	19. 781	1. 859	0. 063
常数项	0. 515	0. 093	0. 926
McFadden R^2	0. 335		
LR statistic	0. 499		
Prob（LR statistic）	0. 000		
样本数	154		

10.7　本章小结

本章主要对大豆种植户进行土地流转的影响因素进行实证分析，以考察通过土地流转来规避大豆进口冲击的可能性和地域性差异。同时，分别对全国、东北产区的黑龙江和吉林与黄淮海产区的安徽和江苏的大豆种植户在2006～2010年发生土地流转行为的农户作为研究对象，通过二元选择模型进行实证分析得到以下结论。

（1）2006～2010年，全国大豆农户中发生土地流转的占46.2%，其中转出的户数多于转入的户数。在分省农户中，东北产区户均耕地面积远高于黄淮海产区，其中在东北产区中，黑龙江户均耕地面积远高于吉林，在黄淮海产区江苏户均耕地面积高于安徽。户均耕地数量越多，土地流转数量也越多，其中黑龙江、吉林与江苏发生转入土地的农户数量多于转出土地的农户数量，安徽转出土地的数量多于转入土地的数量。黑龙江豆农家庭收入来源主要源于家庭经营，远远高于其他三省，安徽豆农家庭的收入基本来自于非农就业收入，江苏与吉林收入类型介于上述两省中间。黑龙江豆农的大豆收入占家庭收入的比重远远高于其他省份。

（2）东北地区豆农相对于其他地区更多地表现为转入土地，农户大豆收入占比越高越倾向于转入土地，而大豆种植比重越高则更愿意转出土地。这表明近年来大豆生产越集中的地区越倾向于转出土地，但对于家庭收入来源单一的农户，大豆收入所占比重越高，反而会促使其转入土地，扩大经营规模。大豆与玉米价格在不同地区对土地流转的作用并不一致，说明不同区域大豆的替代作物存在差异。

（3）以家庭经营作为主要收入来源的更倾向于转入土地，对主产区大豆农户进行职业培训对转出土地具有显著作用，农业培训对转入土地具有显著作用，个体经营变量在不同地区对土地流转的作用不尽相同。

（4）在东北地区，土地流转具有显著的“马太效应”，即耕地面积越大，越倾向于转入土地，耕地面积越小也就越倾向于转出土地；而在黄淮海地区，土地流转则更加具有“平均”倾向，豆农的耕地面积越大越倾向于转出耕地。说明虽然同是大豆的主产区，但由于农业生产规模以及经济发展水平的差异，农户土地流转行为存在显著的差异。土地的细碎化程度在所有地区对土地流转均有正向作用。

第11章 进口大豆控制对大豆种植业的影响

前面几章我们分别分析了大豆进口对国内种植业生产、粮食安全、农民收入以及农户种植结构调整行为的影响，以上研究需要假设作为压榨所用的国产大豆与进口大豆并无差别，然而事实并非如此。近年来，国际贸易的集中化在农产品贸易中日渐突出，少数垂直一体化的跨国公司日益加强了对全球农产品贸易的控制权并主导了世界农产品市场，对于粮食生产的种类和方式以及粮食贸易施加了日趋增大的影响。这会让跨国公司重点倡导以出口为导向的生产，使进口国农民逐渐失去生产资源，以及进口国农业生产的可持续性也会因此受到影响，从而丧失了国家的“粮食主权”。当前跨国公司在粮油贸易中扮演重要角色，仅世界四大粮商ABCD（ADM、邦基、嘉吉、路易达孚）对粮食和食用植物油的国际贸易控制高达70%（陈锡文，2012）。在中国大豆产业链中，外资公司逐渐控制了从进口大豆产地资源到加工零售的各个环节，从而为中国的大豆进口以及国内大豆生产带来了诸多不确定性。一些人认为，我们只需要保障粮食安全，其他农产品均可放任自流，然而这种想法却容易忽视农产品的需求刚性对农业产业链安全的长期依赖性。如果放任进口大豆来冲击国内市场，而国内大豆的生产能力不再，当中国进口的大豆被外资控制后，那么一旦我国的食用油出现严重短缺后，一方面会对国内消费者带来恐慌，另一方面还可能会对现有的农业生产结构造成冲击。

大豆产业链涉及大豆的生产、收储、物流、贸易、加工和销售等诸多环节，向上连接种植业、加工业、饲料养殖业，向下连接居民的肉蛋奶及食用油消费，关乎到国计民生，可以说大豆的产业安全对于国家食品安全、粮食安全、营养安全乃至社会的经济发展都具有重要作用。然而，大豆产业的问题不是国内的种植业本身所能够决定，还涉及国家的农业政策取向，在资本流动性过剩的时代，大豆产业还会涉及资本市场。在此背景下，大豆产业链条的竞争不仅是企业之间单个环节的竞争，还是围绕上下游环节延伸出的整个大豆产业链之间的比拼。由于跨国粮商在很多国家已经控制了大豆产地资源并且主导了全球大豆贸易，一旦我国的大豆进口被外国跨国粮商控制，那么中国将成为跨国粮商销售过剩大豆的市场，中国的大豆种植业将受到严重冲击。在大豆产业链全球化的大背景下，跨国公司对大豆产业链的控制能力非一般的国内企业所能比拟，那么跨国粮商对进口大豆的控制对国内大豆种植业的影响机理是什么？又会造成哪些影响？本章将从进口大豆原料控制、加工市场控制以及零售市场控制三个方面来论述进口大豆控制对国内大豆种植业的影响。

11.1 进口大豆原料控制对中国大豆种植业的影响

进口大豆要进入中国市场需要通过大豆原材料的采购以及海上贸易两个环节，二者共同构成了中国大豆的进口原料供给部分。

产地资源控制。大豆产业链的控制首先在于占领产地资源，可靠的数量和一致的质量是跨国公司商业经营产地资源的关键所在。根据大豆主要出口国国内生产主体的不同，一般可以分为大农场大规模生产和小农户小规模生产两种类型，其中主要以前者为主。美国大豆平均生产规模有 120 公顷土地，而巴西和阿根廷的大豆种植园平均拥有 1000 公顷土地，最近新出现的种植园规模往往更大，可以达到 10000 ~ 15000 公顷，这些大型种植园一般集中在大地主与跨国投资商手中（王绍光，2013）。跨国公司对大豆产地资源的控制手段包括两个方面：一是硬件设施的布局，跨国公司在巴西、阿根廷和美国拥有完整的仓储设施和国内物流系统；二是配套策略，跨国公司通过给生产商提供良种、信贷、技术转让和培训并通过签订购销农业合同等策略将出口国的大豆产地资源牢牢控制。

贸易渠道控制。中国作为全球大豆贸易的进口国与产地市场距离遥远，需要通过海上物流渠道来实现大豆的空间转移，贸易渠道作为大豆产业链的上游环节决定了中国能否进口到大豆以及能够进口多少大豆。根据我们在大豆加工企业的调研数据得知，2013 年跨国粮商在中国大豆进口中的市场份额超过 83%，其中丸红一家就占了 22%，四大粮商 ABCD 占据 35%，其他四家跨国公司（CHS、托福、Nidera① 和三菱）占据 26%。跨国公司之所以能够牢牢把控大豆的贸易渠

① 2014 年 2 月，中粮集团宣布控股全球农产品及大宗商品贸易集团 Nidera。

道主要是由于它们在大豆主要生产国建有自己的内陆物流系统、港口码头和船队，并且在生产环节控制了粮源，所以能够在出口中国大豆的市场份额中占据绝对优势。

凭借背后雄厚的国际资本的支持，跨国粮商通过在大豆出口国的大豆产地建立仓储、物流和港口码头等基础设施并利用生产资料贷款锁定收购权，确保了对大豆出口国粮源的控制，从而得以控制大豆的产地资源。中国企业在进入国际市场之初就由于与跨国粮商在国际资本支持、产地环境准入、农业产业全球布局和市场运作等方面存在着巨大差距，导致中国企业在大豆出口国没有仓储、物流和港口码头等基础设施，结果中国就失去了产地资源和贸易渠道。粮源与贸易渠道的控制使中国大豆进口商只能从跨国粮商手中购买大豆，谈判力量薄弱，中国大豆进口从产业链的上游环节就已经受制于人。跨国粮商利用资本优势、产地资源优势以及贸易垄断地位不断地在新兴国家扩张大豆产能，2000 ~ 2013 年，巴西和阿根廷大豆播种面积分别增长 202.7% 和 192.3%，出口国大豆产能的扩张势必需要找到市场消化，而中国作为全球最大的大豆消费国就成为国际大豆的消化地，不管中国国内实际大豆短缺量是多少，只要跨国粮商所掌握的大豆产能过剩就会选择进入中国，结果造成中国大豆供给连年过剩，国内大豆农户在进口大豆的冲击下面临“卖豆难”的状况，大豆种植户被迫减少大豆种植，国产大豆播种面积不断萎缩。尽管国家为了提高豆农收入、稳定国产大豆播种面积实施了临时收储政策，但面对源源不断的进口大豆的冲击，国产大豆始终没有市场消化的空间，由此造成收储成本不断攀升，临时收储政策难以为继。

11.2　全球大豆定价权控制对中国大豆种植业的影响

当前拉美的巴西和阿根廷逐渐成为中国大豆进口的主要来源国，作为大豆需求和供给的相关国，中国要进口大豆，巴西和阿根廷要出口大豆，双方完全可以通过签订合同来实现贸易，但却必须要到 CBOT（芝加哥商品交易所）上去交易，而将全球大豆的定价中心放在美国，结果就出现了南美种大豆、中国买大豆、美国卖大豆的现状。目前全球进口大豆贸易的主要形式为点价，点价是期货交割的一种定价方式，即对某种远期交割的货物，不直接确定其商品价格，而是只确定升贴水是多少，再以 CBOT 某日的期货价格作为点价的基价，加上约定的升贴水作为最终的结算价格。正是美国芝加哥商品交易所制定的这个定价机制，使美国获得大豆国际贸易的定价权，在这种定价模式中存在一个“最后点价日期”，即如果没有点价就意味着还有进口需求没有得到满足，由于中国每年的大豆需求相对稳定，作为供给方的跨国粮商只要互通信息，就会发现还有多少中国进口贸易商在某个期限前必须要在 CBOT 点价，这样一来中国大豆进口的信息就完全掌握在跨国公司手中，这就为跨国贸易集团联合串通以及操纵中国大豆进口价格提供了可能。除此之外，美国政府还可以影响大豆的期货价格，当前作为 CBOT 大豆期货价格风向标的是美国农业部对全球大豆生产的预期报告，只要美国农业部（USDA）发布一个对北美或南美的大豆减产（或增产）的预期信息，就可以让 CBOT 的大豆期货价格涨停（或跌停），如 2003 年 8 月，美国农业部以天气影响为由，对大豆月度供需报告做出重大调整，将大豆库存数据调整到 20 多年来的低点，由此造成 CBOT 大豆价格发生剧烈波动。需要注意的是，USDA 所发布的报告代表的是美国基金和跨国粮商的利益，定价权的丧失加剧了全球大豆价格的不稳定性，从而带动中国国内大豆价格的波动，并造成国内大豆生产者无法形成稳定的价格预期，从而增加了国内大豆生产的不确定性。

11.3 大豆加工控制对国内大豆种植业的影响

11.3.1 国内大豆压榨产能控制现状

跨国粮商借助 2004 年和 2008 年两次大豆价格剧烈波动①期间中国国内部分压榨企业由于缺少风险管理意识而严重亏损或倒闭的机会进行兼并重组，并趁机扩张，掌握了国内 70% ~80% 的压榨产能（程国强，2012）。针对外资企业不断地蚕食国内大豆压榨市场份额的状况，政府主管部门已经意识到并采取了一定的应对措施：一方面限制了外资压榨产能的扩张，2007 年修订的《外商投资产业指导目录》明确将中方控股的大豆、油菜籽食用油脂加工企业作为限制外商投资产业，并且在 2011 年修订的《外商投资产业指导目录》中将限制类的项目进一

① 2004 年开始 CBOT 大豆期货价格持续上涨，4 月达到每蒲式耳 1050 美分，之后迅速下跌，到了 11 月跌到 506 美分，短短 7 个月间大豆期货价格下跌 51.8%；2008 年，如出一辙，大豆期货价格在 7 月涨到 1639 美分/蒲式耳，之后不断下跌，到 12 月仅有 787 美分，5 个月内下跌了 52%。

步扩大到整个食用植物油系列，这一政策的实施实际上是变相限制了外商投资进入食用油压榨行业，这个政策实施的结果证明外资企业的产能扩张得到有效遏制，外资企业的压榨产能有所降低；另一方面政府鼓励国有企业进入植物油压榨行业，2007年后国内大豆压榨产能过剩、大豆压榨业逐渐进入微利甚至亏本的阶段，而此时中纺、中储粮等央企却开始大举进入大豆压榨业，并迅速扩大了其大豆压榨产能。2012年中国前15名大豆压榨企业的压榨产能占全国大豆压榨产能的比重为69%，其中外资占比31%，国有企业占比25%，民营企业占比13%。国有企业中中粮、九三和中纺占比较高，分别占9%、7.7%和4.6%，民营企业整体呈现出企业多、压榨产能分散的特征，其中渤海压榨产能最大，占比5.7%。

在外资大豆压榨企业中，益海嘉里、邦基和嘉吉位列前三，占比分别为13.9%、7%和5%。在上述外资跨国公司中，益海嘉里的母公司益海（中国）集团成立于2001年，它是由美国ADM公司和新加坡丰益国际（Wilmar International）集团共同投资组建，是ADM在中国扩张的典型代表。ADM全称为Archer Daniels Midland，经营业务包括食品、饮料以及饲料等，它还从事有关粮食储备与运输交通等大型行业。2000年正式进入中国，2006年底，丰益公司以27亿美元收购了新加坡郭氏集团旗下的嘉里粮油（以下简称嘉里粮油），并与其在中国的子公司益海集团合并，成为益海嘉里投资有限公司（以下简称益海嘉里），目前该集团在国内直接控股的工厂和贸易公司已达38家，另外还参股鲁花等多家国内著名粮油加工企业，工厂遍布河北、山东、江苏、福建、广东、广西等沿海各主要省份及四川、湖北、湖南、新疆、宁夏、黑龙江等内陆地区，贸易公司及办事处已覆盖除西藏和港、澳、台地区外的全国各省。该集团油籽年压榨量达1000万吨，油脂年精炼能力300万吨，分提能力达100万吨，出口豆粕占全国年出口总量的70%以上，是国内最大的油脂、油料加工企业集团之一。

表11-1 2012年中国前15名大豆压榨企业的压榨产能及占比 单位：万吨

企业类型	企业名称	压榨能力	占全国产能比重
外资	益海嘉里	1781.2	13.92%
	邦基	897.9	7.02%
	嘉吉	638.75	4.99%
	来宝[①]	284.7	2.23%

① 2014年4月，中粮集团宣布收购来宝集团旗下来宝农业有限公司51%的股权。

续表

企业类型	企业名称	压榨能力	占全国产能比重
外资	金光	259.15	2.03%
	路易达孚	109.5	0.86%
	合计	3971	31.05%
国资	中粮	1157.05	9.04%
	九三	978.2	7.65%
	中纺	591.3	4.62%
	中储粮	273.75	2.14%
	吉粮	164.25	1.28%
	合计	3164.55	24.73%
民营	渤海	726.35	5.68%
	东凌	423.4	3.31%
	汇福	273.75	2.14%
	阳光	240.9	1.88%
	合计	1664.4	13.01%

资料来源：中国食用油网，http：//www.oilcn.com/。

邦基（Bunge）公司1818年在荷兰的阿姆斯特丹创立，之后经过一系列发展历程后于1999年将其总部迁至美国纽约，该公司也于2000年正式进入中国。邦基在全球32个国家拥有450多个工厂，已发展成为全球主要的粮食出口公司和油料作物加工商，目前邦基是巴西最大的谷物出口商，美国第二大大豆产品出口商。除粮食加工与出口外，邦基还将营业范围扩展到了纺织、化肥、油漆以及银行等行业，工厂和业务遍及巴西、美国。邦基在跨国粮商中以注重从农场到终端的全过程为名，其在南美拥有大片农场，一边向农民卖化肥，一边收购他们手中的粮食，再出口到其他国家或者进行深加工。

嘉吉公司（Cargill）总部设在美国明尼阿波利斯，主要业务是在全球范围内提供食品、农业、金融和工业产品及服务，是美国第二大私有资本公司，美国最大的玉米饲料制造商，美国第三大面粉加工企业和屠宰、肉类包装加工厂，拥有最大的养猪和禽类（如肉鸡、火鸡）养殖场。嘉吉与中国进行贸易合作始于20世纪70年代。2013财年，嘉吉总营业收入为1367亿美元，年获利达25亿美元以上，它的粮食输出和交易业务世界第一。同时，它还拥有全美最多的粮仓，涵盖从食品的生产、包装到市场的每一个环节。该公司业务横跨五大洲及66个国

家，堪称世界之最。此外，它还拥有超过100亿美元资产的避险基金——黑河资产管理（Black River Asset Management）和从事高科技及高回报（包括基因工程等）的生物工程研发计划。嘉吉公司拥有400条平底运粮拖船和2000辆大货柜车，物流运输能力极强。嘉吉在中国拥有的合资和独资企业多达27家，遍布沿海地区。

从国内大豆的压榨产能来看，内资企业仍然占据较大比重，但值得注意的是压榨产能并不等同于实际压榨量。2012年全国大豆设计产能1.39亿吨，实际压榨量6300万吨，平均开工率仅有45%。压榨产能反映的是企业的设计生产规模，而决定企业实际生产量的为开机率。开机率的高低主要由企业的加工能力、营销能力和原材料采购能力综合决定。总体看来，外资跨国企业在规模、营销能力和原料采购方面均具有明显优势，因此开工率更高。根据业内人士估计，外资企业平均开工率能达到60%~70%，国有企业次之，大概在50%~60%，而民营油脂企业以中小规模为主，平均开工率估计在40%以下（陈健，2014），以上述内外资企业开工率的均值计算，2012年全国前15大大豆压榨企业中外资企业的大豆压榨量超过了内资企业总和，由此来看，少数外资企业在大豆压榨环节也占据了绝对优势。

11.3.2 压榨环节控制对大豆种植业的影响

大豆产业链控制对本国大豆种植业的冲击主要体现在以下两个方面：一是过量的大豆进口迫使国内大豆压榨产能由主产区向沿海港口地区转移，国内大豆主产区与大豆压榨区分割，国产大豆失去压榨市场，农户出售大豆的渠道减少，主产区大豆有价无市造成农民“卖豆难”，而主产区大豆压榨企业迫于成本压力收不到大豆。过量的进口大豆对国内油脂加工业的直接影响首先表现在沿海地区的大豆压榨规模迅速提高，2006~2013年，全国大豆压榨总量净增3230万吨，增幅93.1%，其中沿海省份中山东、江苏、广东、辽宁和河北的大豆压榨量均超过了500万吨。而处于内陆的全国最大大豆产区黑龙江，在过去7年间大豆压榨数量却净减少了35万吨，吉林和河南等内陆的大豆主产省份大豆压榨增量也远远小于沿海省份。与沿海省份大豆压榨量迅速增加形成对比的是其中大部分省份的大豆产量反而下降，最大的大豆生产省份黑龙江大豆产量降低了17%。主产区与主销区大豆压榨产能转移的结果就是沿海地区的大豆进口规模更大，压榨量更大，而主产区大豆压榨量则越来越少，原有的大豆供销网络基本断裂，主产区大豆的销售渠道减少，豆农的交易成本变高，国内大豆的产量不断减少。

表 11-2　全国及分省大豆压榨量及产量　　单位：万吨、%

	压榨量			产量		
	2006 年	2012 年	增幅	2006 年	2012 年	增幅
全国	3470	6700	93.1	1508.2	1448.5	-4.0
山东	580	950	63.8	44.5	40.6	-8.8
江苏	610	850	39.3	53.4	57.6	7.9
广东	500	800	60.0	14.9	13.5	-9.4
辽宁	200	600	200.0	38	34.1	-10.3
河北	200	500	150.0	39.5	29.5	-25.3
河南	160	300	87.5	67.8	88	29.8
吉林	59	150	154.2	76.4	78.8	3.1
黑龙江	185	150	-18.9	652.5	541.3	-17.0

资料来源：2006~2013 年压榨数据来自国家粮油信息中心、产量数据来自于 2007 年和 2013 年的《中国农村统计年鉴》。

二是外资企业对本土油脂加工企业的兼并重组使大豆加工环节主要集中于外资公司，导致大豆压榨企业对原料的采购权大大削弱。2004 年“大豆危机”期间，大量的国内大豆压榨企业出现资金链断裂、面临停产倒闭的局面。此时以 ABCD 为首的国际粮商趁机大举进入，通过入股企业或者购买加工厂的方式进行合作，但是值得注意的是，在国际粮商和中国企业商谈合作时，普遍要求掌握大豆的采购权，要求相关企业从自己手里购买进口大豆，陷入经营困境中的中国大豆企业无法拒绝外来资金的诱惑，但同时也失去了大豆的采购权。到了 2006 年，在中国排名靠前的大豆企业中，极少数油脂加工企业没有外资背景。自此中国大豆油脂压榨企业中的大豆采购权基本落到跨国粮商手中，跨国粮商在全球大豆产业链上游所拥有的原产料产地资源就有了充足的消化市场，而国产大豆就逐渐“被”退出了大豆压榨市场的竞争。

11.4　大豆油零售市场控制对国内种植业的影响

由于进口大豆主要用于压榨，大豆油是进口大豆进入中国之后的主要产物。大豆油的销售环节成为消化进口大豆进而完成整个大豆产业链的最终环节。从大豆油的零售市场来看，外资品牌的市场销售规模遥遥领先于国内企业，益海嘉里一家独大，占据 40% 以上的零售市场份额并呈进一步扩大的态势，处于市场第二位的中粮集团市场占有率不足 15%，第三位的山东鲁花市场占有率在 9% 左右。由于缺乏响亮的品牌，实际上许多民营食用油压榨企业被迫低价将他们压榨的油销售给知名外资食用油企业，起到的只是贴牌的作用，这样就导致外资食用油企业食用油的销售数量远远大于其压榨能力。从食用油销售市场份额来看，国内食用油市场已经被外资食用油企业垄断。

表 11－3　中国食用油零售市场竞争企业销量占比　　单位：%

企业	2008 年	2009 年	2010 年	2011 年	2012 年	2013 年
益海嘉里	41.0	42.0	43.4	43.9	44.1	43.9
中粮集团	12.4	10.1	12.1	15.3	14.8	14.8
山东鲁花	8.9	9.6	9.3	8.9	8.9	9.0
上海良友	5.7	4.1	4.2	3.6	3.4	3.3
西王食品	0.1	0.4	1.0	1.8	2.3	2.8
厦门中盛	1.6	1.6	1.5	1.4	1.3	1.2
中山鹰牌	0.9	1.0	1.0	1.0	0.9	0.9
泉州金华	0.5	0.7	0.9	0.8	0.8	0.8
其他	28.9	30.5	26.6	23.3	23.5	23.3
总计	100.0	100.0	100.0	100.0	100.0	100.0

资料来源：Euromonitor International。

食用油销售市场被外资垄断的后果就是中国食用油的定价权主要控制在几个食用油大品牌厂家手中，其中又以外资为主，而大量民营企业生产的食用油则只能参照外资知名食用油企业的产品价格来定价，如果外资企业通过低价策略占领国内油脂市场，那么国内企业将没有还手之力。销售环节的强势地位使外资企业具有极强的渗透能力，凭借雄厚的资本实力和成熟的营销能力，在大豆的主产区与非主产区，外资品牌的渗透使国内油脂品牌举步维艰，国内品牌逐渐被消灭或吞并，继之而来的就是原料采购权的丧失，国产大豆将更加没有市场空间。与此同时，国内的食用油市场将鲜有国内企业能够与外资企业相抗衡。

11.5 本章小结

本章从产业链的视角就进口大豆控制对中国大豆种植业的影响进行了研究，综合外资在进口大豆的产地资源、贸易渠道、全球大豆定价权、国内大豆加工以及大豆油销售环节中的表现来看，目前跨国公司已经在很大程度上控制了中国的进口大豆，中国是否进口大豆以及进口多少大豆实际上已经无法由自己控制，中国已成为跨国粮商消化国际大豆的主销地，全球大豆定价权的缺失使国内大豆生产者无法形成稳定的大豆价格预期，由于外资企业在加工和零售环节的垄断地位，国产大豆在加工压榨环节已经失去了与进口大豆相竞争的市场地位，从而使国际大豆源源不断地涌入国内市场，而国内大豆的生产则不断萎缩。从中国开放大豆进口市场之后外资企业进入中国市场的整个过程来看，国际粮商来华投资占领大豆压榨业只是其战略布局的开始，通过夺取压榨大豆的采购权迅速扩大大豆进口，转移国内大豆压榨产能，挤压国内大豆种植业，摧毁多年来形成的国产大豆的供销网络，同时以压榨业为跳板垄断大豆产业链的上下游产业，不断消化其产地剩余，最终实现对中国进口大豆的控制、获取超额利润才是其最终目的，从而使中国大豆进口迅速从短缺型大豆进口过渡到价差型大豆进口。中国依靠自主生产来抵御外部风险的能力则不断下降，随着进口大豆的持续大量涌入，中国用于保障食用部分的大豆生产形势岌岌可危，对此我们需要保持高度的警惕并及时采取应对措施，未来在开放其他农产品进口市场的过程中更要引以为鉴。

第 12 章　研究结论及政策建议

本书就中国开放大豆进口市场后大规模的大豆进口对国内种植业生产、粮食安全、农民收入以及农户种植结构调整行为的影响进行了较为全面和系统的评估分析，并且从产业链的视角对中国进口大豆控制给国内大豆种植业带来的影响进行分析评价。全书得到以下主要研究结论并提出政策建议。

12.1　研究结论

（1）大豆进口对提高国家粮食安全具有重要作用，但是价差型大豆进口将会对国内大豆种植业造成严重冲击。短缺型大豆进口使国内大豆面积较基准方案下降45.5%，粮、油、棉、糖以及蔬菜的播种面积均有不同程度的上升，分别增加4.7%、2.5%、4.7%、4.7%和10.4%，国内粮食作物（小麦、玉米和水稻）产量较基准方案增加1985.3万吨，粮食自给水平提高4.4%。随着大豆进口规模的增加，国内大豆生产呈现出由全国分散生产向东北和黄淮局部萎缩的局面。价差型大豆进口方案将使国内大豆播种面积较短缺型大豆进口减少31.2%，蔬菜播种面积增加9.9%，但粮食播种面积仅增加不足1%，油料、棉花和糖类的播种面积则会下降。其中，东北和华东地区的大豆播种面积受价差型大豆进口的影响将分别较短缺型大豆进口下降37.4%和26.4%，大豆生产者收入分别减少104.8亿元和50.7亿元。

（2）玉米和蔬菜成为大豆进口后国产大豆的主要替代作物，中部、东部、南部将会生产更多的蔬菜，内陆地区将会生产更多的粮食。短缺型大豆进口所节省的大豆耕地面积中约有一半用于生产粮食，其中以生产条件和生长季节相似的玉米为甚，价差型大豆进口所节省的耕地面积将主要用来生产蔬菜。短缺型大豆进口使国内大豆面积减少760万公顷，玉米和蔬菜的播种面积分别提高155.5万公顷和168.6万公顷。价差型大豆进口将使全国大豆面积较短缺型大豆进口进一步减少284.2万公顷，蔬菜和玉米播种面积分别增加176.2万公顷和65.2万公顷。玉米和蔬菜在区域间的变化主要表现在华东地区和中南地区的玉米和蔬菜产量大幅提高但粮食产量减少，东北、华北、西南和西北等内陆地区则是蔬菜产量降低、粮食产量提高。

（3）大豆进口将会拉大内陆地区与东部沿海地区之间的种植业收入差距。短缺型大豆进口使中东部地区的农业生产者通过减少大豆生产、增加果蔬类的生产而受益，而西部地区在减少大豆和蔬菜的生产后主要增加粮食作物的生产，但由于粮食的相对收益小于果蔬类农产品从而拉大中东部和西部地区的种植业收入差距。而价差型大豆进口主要使华北和东北地区减少大豆和蔬菜的生产、增加粮食作物的生产，从而拉大该地区与其他地区种植业收入之间的差距。

（4）大豆进口对农户的种植结构调整行为具有显著作用，但对不同省份农户的影响存在显著差异。大豆与替代作物的相对价格对大豆种植比例具有显著的正影响，但由于黑龙江地区所处纬度最高，受自然条件的制约最强，所以大豆进口对黑龙江地区农户的种植结构调整行为的影响要明显小于其他大豆产区。而黑龙江大豆种植户的大豆收入占家庭总收入的比重要远远高于其他地区，因此大豆进口对黑龙江地区农户的收入影响最大。

（5）跨国粮商通过对进口大豆在产业链上的控制使我国大豆进口迅速由短缺型大豆进口过渡到价差型大豆进口，国产大豆失去压榨市场，国内大豆生产不断地萎缩。由于跨国粮商在中国进口大豆的产地资源、贸易渠道、全球大豆定价权、中国大豆加工压榨以及大豆油零售市场环节上的垄断地位使我国的大豆进口在很大程度上受控于外国跨国公司，我国是否进口大豆以及进口多少大豆实际上已经无法由自己控制，中国已成为跨国粮商消化国际大豆的主销地，而国内大豆的生产则因此不断萎缩，进而危及国家食用大豆安全。

12.2 相关讨论与政策建议

对大豆进口给中国种植业带来的影响进行客观的评价既要看到进口大豆对于保障国家粮食安全所起的作用，也要评估进口大豆给我国种植业所带来的负面效果。总体来看，短缺型大豆进口有助于提高国家粮食安全水平并能够提高种植业

生产者的总收入，但是价差型大豆进口却会冲击到国内的大豆生产，降低大豆生产者的相对收益，拉大内陆地区同中东南部地区之间的种植业收入差距；大豆进口压低了国内大豆的相对价格，促使国内大豆种植户调整其种植结构，但由于自然条件的制约，并非所有地区都能够顺利地进行调整；为了保障国家粮食安全、满足国民食物需求，必须放弃大豆自给，但不可以放弃国家的大豆产业链，一旦大豆产业链被控制将破坏国内大豆的长期可持续生产能力。因此，大豆进口需要整体考虑国家粮食安全、农业产业安全以及农民增收之间的关系，并需要权衡短期利益与存在的长期风险。

对于当前的大豆产业而言，大豆进口在缓解国内耕地资源约束、保障国家粮食安全的同时已经对国内大豆的生产造成了严重冲击，并且进口大豆已经被外国跨国公司所控制。由于在大豆进口市场开放之后大豆进口增速很快，大豆进口规模迅速扩大，随着大豆进口配额的取消加之仅有较低的进口关税，我国实际上已经无法通过常规的贸易手段来控制大豆进口的节奏和规模，这就使国内大豆产业在短期内来不及做出调整就直面进口大豆的冲击。

过去大家公认为中国的土地密集型农产品不具有比较优势，而中国的劳动密集型农产品具有比较优势，原因在于我们的劳动力成本低。但是，随着劳动力成本的上升，我们的劳动密集型农产品也逐渐丧失了比较优势。尤其是近几年很多农产品进口势头很猛，主要农产品都表现为净进口。在当前的形势下，采取限制大豆进口的措施已经行不通，只能通过补救措施来防止大豆进口对国内粮食安全、大豆产业安全以及农民收入造成进一步的负面影响。未来在开放其他农产品（如玉米和棉花）进口市场之前一定要吸取大豆进口的经验教训，避免重蹈覆辙，做好农产品进口的顶层设计与具体的进口策略研究，防止其他产业再次陷入像大豆产业一样的被动局面。

根据以上研究结论与讨论，本书提出以下政策建议：

（1）针对国内大豆种植业，要从国家层面在大豆主产区重点建设一批标准化大豆生产基地，从基础设施建设、品种选育改良、生产方式改进以及收入保障方面加大投入，保证足够的大豆生产能力，保障国家食用大豆安全。

（2）在开放其他农产品市场之前，首先，需要对国内农产品需求及供给缺口进行充分的评估，做好进口市场容量的测算，区分短缺型进口与价差型进口的区别，对短缺型进口要有序、稳步推进，控制农产品进口节奏，防止过度进口对国内种植业造成冲击，打乱国内农产品供给体系，影响农民增收。其次，要充分考虑国内种植业结构调整的空间，引导农户调整种植结构，做好国内主产区替代作物的品种选育和推广等科技支撑。我国北方不种植大豆后，替代的旱地作物主要是玉米，未来我国如果再大量进口玉米的话，国内的玉米产业同样会面临萎缩的风险，那农民在旱地上还能种什么作物？如果没有合适的旱地作物，那就会导致大量抛荒，如果由此造成的收入减少过大，还有可能构成社会不安定因素。最后，设计好必要的防御性措施，具体包括敏感性农产品的确定、关税配额与合适的税率以及必要的非关税措施。

（3）提高国际农产品供给能力方面主要包括以下几点内容：一是加强我国同主要农产品出口国政府之间直接的农产品供需合作对接，提高供给的稳定性和效率；二是加大进口农产品产业链的建设和监管力度，防止产业链垄断提高供给成本；三是开发自己的农产品贸易供给渠道，鼓励国内有能力的企业自主建设或者通过并购、参股等合作方式形成稳定可靠的农产品供给能力，鼓励建立能在全球范围内有效整合资源的中国粮食贸易企业来与跨国公司相竞争。

参考文献

［1］ Ai，C.，Chatrath，A.，Song，F.. On the Co – Movement of Commodity prices ［J］. American Journal of Agricultural Economics，2006，88（3），574 – 588.

［2］ A. C. Pigou. The Economics of Welfare（Volume one）［M］. 北京：中国社会科学出版社，1999：11.

［3］ Agri – Canada. China's Vegetable Oil Industry ［EB/OL］. http：//atn – riae. agr. ca/asia/e3282. htm，2002.

［4］ Alderman，H.. Subsidies As a Social Safety Net：Effectiveness and Challenges ［R］. Working Paper，No. 0224，World Bank Institute，2002，30 Sep.

［5］ Amir，I. and F. M. Fisher，Analyzing Agricultural Demand for Water with an Optimizing Model ［J］. Agricultural Systems，1999，61（12）：45 – 56.

［6］ Amir，I. and F. M. Fisher，Response of Near – optimal Agricultural Production to Water Policies ［J］. Agricultural Systems，2000，64（2）：115 – 130.

［7］ Balisacan，A. M. and N. Fuwa. "Food Security in a Globalised Setting"，in Reasserting the Rural Development Agenda：Lessons Learned and Emerging Challenges in Asia ［C］. Singapore：Institute of Southeast Asian Studies；Los Banos，Philippines：Southeast Asian Regional Center for Graduate Study and Research in Agriculture，2007：81 – 120.

［8］ Barnum，H. N.，and Squire，L. An Econometric Application of the Theory of the Farm – Household ［J］. Journal of Development Economics，1979，6（3）：79 – 102.

［9］ Barrett，C. B. Food Security and Food Assistance Programs ［J］. Handbook of Agricultural Economics，2002，2：83 – 90.

［10］ Bazzani，G. M.，S. Di Pasquale，V. Gallerani，S. Morganti，M. Raggi，D. Viaggi. The Sustainability of Irrigated Agricultural Systems under the Water Framework Directive：First Results ［J］. Environmental Modelling & Software，2005，20

(2): 165－175.

[11] Berbel, J. and J. A. Gmez－Limn. The Impact of Water－pricing Policy in Spain: An Analysis of Three Irrigated Areas [J]. Agricultural Water Management, 2000, 43 (2): 219－238.

[12] Bhagwati, J. and T. Srinivasan, Trade and Poverty in the Poor Countries [J]. American Economic Review, 2002, 92 (2): 180－183.

[13] Brown, L. R.. China's Changing International Food Market [C]. The living on earth radio program. April 9, 2004.

[14] Brown, L. R.. Who Will Feed China? Wake－up Call for a Small Planet [M]. New York: W. W. Norton & Company, 1995.

[15] Cai, F. and Zhong, F.. Economic Analysis of Subsidies form Conversion when ConSumer Prices Reform [J]. Finance & Trade Economics, 1993 (3): 44－48.

[16] Carter, C. and Funing, Zhong. China's Past and Future Role in the Grain trade [J]. Economic Development and Cultural Change, 1991 (39): 791－814.

[17] China News Chen, X. CPPCC Member Chen Xiwen: Consumer Should Tolerate Priceincrease [EB/OL]. Guangzhou Daily, http: //chinanews. com/cj/2011/03－13/2902055. shtml, 2011.

[18] China's Soybean Product Imports: An Analysis of Price Effects Using a Production System Approach [J]. China Agricultural Economic Review, 2012, 4 (4): 499－513.

[19] Deaton, Augus and Guy Laroque. Competitive Storage and Commodity Price Dynamics [J]. Journal of Political Economy, 1996, 104 (5): 896－923.

[20] Deaton, Augus and GuyLaroque. On the Behavior of Commodity Prices [J]. Review of Economic Studies, 1992, 59 (1): 1－23.

[21] Dixit, A. and Norman, V. Theory of International Trade [M]. Cambridge, Cambridge University Press, 1980: 95－96.

[22] Drezen, Jean and Sen, A. K. Hunger and Public Action [M]. Oxford, Clarendon Press, 1989.

[23] Fang, C., Beghin, J.. Urban Household Oil and Fats Demand in China: Evidence from Urban Household Survey Sata [J]. Journal of Comparative Economics, 2002, 30 (4): 732－753.

[24] Ferris, John N. Agricultural Prices and Commodity Market Analysis [C]. Boston MA: WCB/McGraw - Hill, 1998.

[25] Food and Agriculture Organization of the United Nations (FAO): Trade Reforms and Food Security: Conceptualizing the Linkages, Rome, FAO, 2003.

[26] Garcia, M. and Pinstrup - Andersen, P. The Pilot Food Price Subsidy Scheme in the Philippines: Its Impact on Income [C]. Food Consumption, and Nutritional Status, Research Report No. 61, International Food Policy Research Institute, Washington, D. C., 1987.

[27] Garnaut, R. and Ma, G. Grain in China: A Report [C]. East Asian Analytical Unit, Department of Foreign Affairs and Trade, Canberra, Australia, 1992.

[28] Guo, X., Mroz, T. A., Zhai, F., and Popkin, B. M. Structural Changes in the Impact of Income of Food Consumption in China 1989 - 1993 [J]. Economic Development and Cultural Change, 2000 (48): 737 - 760.

[29] Harrison, A., Globalization and Poverty [M]. Mimeo, University of California at Berkeley and NBER, 2005.

[30] Harrison, G., and A. Hanson. A Trade Liberalization and Wage Inequality in Mexico [J]. Industrial and Labor Relations Review, 1999, 52 (2): 271 - 288.

[31] Huang C., Zhong F., and He J. Income vs price subsidy: policy options to help the urban poor facing food price surge [J]. China Agricultural Economic Review, 2013, 5 (1): 89 - 99.

[32] Huang, Jikun and Scott Rozelle. The Nature of Distortions of Agricultural Incentives in China and Implications of WTO Accession [R]. Working Paper, Department of Agricultural and Resource Economics, University of California, Davis, 2002.

[33] Huylenbroeck, G. V., E. M. U. Campos, I. Vanslembrouck, A (Recursive) Multiple Objective Approach to Analyze Changes in the Utility Function of Farmers due to Policy Reforms [J]. Applied Mathematics and Computation, 2001, 122 (3): 283 - 299.

[34] Jikun Huang, Howarth Bouis. Structural Changes in the Demand for Food in Asia: Empirical Evidence from Taiwan [J]. Agricultural Economics, 2001, 26 (1): 57 - 69.

[35] Renan Zhuang, Philip Abbott. Price Elasticities of Key Agricultural Com-

modities in China [J]. China Economic Review, 2007 (18): 155 – 169.

[36] Johnson, Gale and Song, Guoqing. Inflation and the Real Price of Grain, Food Security and Economic Reform [M]. McMillan Press, 1999.

[37] Krueger, A. Trade and Emploment in Developing countries [M]. Synthesis and conclusions, University Chicago Press, 1983.

[38] Liberman P. Trading with the Enemy – Security and Relative Economic Gains [J]. International Security, 1996, 21 (1): 325 – 342.

[39] Lucas, E. Robert, Jr. Adjust Costs and the Theory of Supply [J]. The Journal of Political Economy, 1967, 75 (4): 321 – 334.

[40] McCorriston, S. and MacLaren, D. Single desk, state trading exporters [J]. European Journal of Political Economy, 2005 (21): 503 – 524.

[41] Mellor, W. J. Food price policy and income distribution in low – income countries [J]. Economics Development and Cultural Change, 1978 (1): 1 – 26.

[42] Muth, F. John. Ration Expectations and the Theory of Price Movements[J]. Econometrica, 1961 (29): 315 – 335.

[43] Nerlove, marc. Estimates of the Elasticities of Supply of Selected Agricultural Commodities [J]. Journal of Farm Economics, 1956 (38): 496 – 509.

[44] Nieholas Alexandratos. World consumption of cereals: will it double by 2025? [J]. Food Policy, 1995, 20 (4): 359 – 366.

[45] OECD – FAO, "Agricultural Outlook 2007 – 2016" [EB/OL]. http://www.oecd.org/dataoecd/6/10/38893266.pdf, 2007.

[46] Powers, E. T. Inflation, Unemployment, and Poverty Revisited, Economic Review [J]. Federal Reserve Bank of Cleveland, 1995 (3): 2 – 13.

[47] Pindyck, R. S, and J. J. Rotemberg. The Excess Co – Movement of Commodity Prices [J]. Economic Journal, 1990 (100): 1173 – 89.

[48] Rosegrant, M. W., Agcaoili – Sombilla, M., & Perez, N. D. Global food implications to 2020: Implications for investment [C]. Food, Agriculture, and the Environment Discussion Paper 5. Washington, D. C.: International Food Policy Research Institute, 1995.

[49] Rosegrant, Mark W., Michael S. Paisner, Siet Meijer and Julie Witcover. 2020 Global Food Outlook: Trends, Alternatives, and Choices [C]. International Food Policy Research Institute, Washington D. C., 2001.

[50] Rosenzweig, M, R. Determinants of Wage Rates and Labor Supply Behavior in the Rural Sector of a Developing Country [M] . H. P. Binswanger and M. R. Rosenzweig (eds.), Conreactual Arrangements, Employment, and Wage in Rural Labor Markets in Asia. New Haven: Yale University Press), 1984: 211 -241.

[51] Savvides, A. Trade Policy and Income Inequality: New Evidence [J] . Economics Letters, 1998, 61 (1): 365 -372.

[52] Schults, T. W. Transforming Traditional Agriculture [M] . New Haven: Yale University Press , 1964.

[53] Scott Rozelle, Mark W. Rosegrant. China's Past, Present, and Future Food Economy: Can China Continue to Meet the Challenges? [J] . Food Policy, 1997, 22 (3): 191 -200.

[54] Shenggen Fan, Gail Cramer, Eric Wailes. Food Demand in Rural China: Evidence from Rural Household Survey [J] . Agricultural Economics, 1994, 11 (1): 61 -69.

[55] Song, J. No impasse for China's development [J] . Beijing Review, 1997: 18 -22.

[56] Stephen F. Hamilton and Kyle W. Stiegertb. An Empirical Test of the Rent - Shifting Hypothesis: The Case of State Trading Enterprises [J] . Journal of International Economics, 2002: 135 -157.

[57] Sunil Kanwar. Relative Profitability, Supply Shifters and Dynamic Output Response, in a Developing Economy [J] . Journal of Policy Modeling, 2006 (28): 67 -88.

[58] Tiffen , M. , and Mortimore, M. Malthus Controverted: The Role of Capital and Technology in Growth and Environment Recovery in Kenya [J] . World Development, 1994 (22): 997 -1010.

[59] Trostle, Ronald. Global Agricultural Supply and Demand: Factors Contributing to the Recent Increase in Food Commodity Prices [C] . Economic Research Service Working Paper WRS -0801, USDA, May, 2008.

[60] Wen S. Chern, Guijing Wang. The Engel Function and Complete Food Demand System for Chinese Urban Households [J] . China Economic Review, 1994, 5 (1): 35 -57.

[61] Wusheng Yu, Thomas W. Hertel, Paul V. Preckel, James S. Eales. Pro-

jecting World Food Demand Using Alternative Demand Systems [J]. Economic Modelling, 2004, 21 (1): 99 - 129.

[62] Shu Wen Ng, Fengying Zhai, Barry M. Popkin. Impacts of China's edible oil pricing policy on nutrition [J]. Social Science & Medicine, 2008, 66 (2): 414 - 426.

[63] Yen, Steven T., Fang, Cheng, and Su, Shew - Jiuan. Household food demand in urban China: acensored system approach [J]. Journal of Comparative Economics, 2004 (32): 564 - 585.

[64] Zhang, K. and Feng, J. Inflation. Inequity and Pro - Poor Growth [J]. Management World, 2010 (5): 27 - 33.

[65] Zhang, P. Analysis of Income Distribution Effect by Price Subsidy [J]. Economic Research Journal, 1990 (4): 36 - 43.

[66] Zhong, Z. NDRC Take Measures to Stable Price [J]. Minggong 123, Paper Presented at: www. minggong123. com/news/1/shrd/201011/6b8972868887fbcb. html, 2010.

[67] 蔡昉. 从比较优势与贸易利益看中国粮食供求问题 [J]. 国际经济评论, 1997 (1): 11 - 15.

[68] 蔡昉. 刘易斯转折点后的农业发展政策选择 [J]. 中国农村经济, 2008 (8): 4 - 15.

[69] 曹历娟. 发展生物质能源对我国粮食安全和能源安全影响的一般均衡分析 [D]. 南京农业大学博士学位论文, 2009.

[70] 陈锡文. 当前我国农村改革发展面临的几个重大问题 [J]. 农业经济问题, 2013 (1): 4 - 6.

[71] 陈锡文. 农业和农村发展: 形势与问题 [J]. 南京农业大学学报 (社会科学版), 2013, 13 (1): 1 - 10.

[72] 程国强. 关注大豆行业"拉美化" [J]. 瞭望, 2005 (52).

[73] 程国强. 我国大豆行业的问题与建议 [J]. 中国食物与营养, 2006 (9).

[74] 程国强. 中国农业对外开放: 影响、启示与战略选择 [J]. 中国农村经济, 2012 (3): 4 - 13, 43.

[75] 仇焕广, 杨军, 黄季焜. 建立中国—东盟自由贸易区对我国农产品贸易和区域农业发展的影响 [J]. 管理世界, 2007 (9): 56 - 75.

［76］东北大豆产业发展能力和国际竞争力研究课题组．我国大豆产业发展战略研究［J］．管理世界，2003（3）．

［77］樊胜根，莫塞迪塔·索姆比拉．1997：中国未来粮食供求预测的差别［J］．中国农村观察，1997（3）：17－23.

［78］傅龙波，钟甫宁，徐志刚．中国粮食进口的依赖性及其对粮食安全的影响［J］．管理世界，2001（3）：135－140.

［79］高进云，乔荣锋，张安录．农地城市流转前后农户福利变化的模糊评价［J］．管理世界，2007（6）：45－55.

［80］郭劲光．粮食价格波动对人口福利变动的影响评估［J］．中国人口科学，2009（6）：49－58.

［81］郭熙保，罗知．贸易自由化、经济增长与减轻贫困——基于中国省际数据的经验研究［J］．管理世界，2008（2）：15－24.

［82］国家粮食安全中长期规划纲要（2008—2020 年）［N］．中央政府网站，http：//www. gov. cn/test/2008－11/14/content_ 1148698. htm.

［83］胡鞍钢．中国 21 世纪粮食战略的基本选择［J］．经济研究参考，1997（6）：24－27.

［84］胡冰川．WTO 框架下 FTA 国别效应的动态研究［D］．南京农业大学博士学位论文，2007.

［85］黄季焜，Scott Rozelle，解玉平，张敏．从农产品价格保护程度和市场整合看入世对中国农业的影响［J］．管理世界，2002（9）：84－94.

［86］黄季焜，仇焕广．全球及区域生物能源发展：机遇与挑战［R］．农业部 2007 生物质能源发展与农产品贸易研讨会讨论稿，2007.

［87］黄季焜，李宁辉．中国农业政策分析和预测模型——CAPSiM［J］．南京农业大学学报（社会科学版），2003（3）：30－42.

［88］黄季焜，斯·罗泽尔．迈向 21 世纪的中国粮食经济［M］．北京：中国农业出版社，1998.

［89］黄季焜，徐志刚，李宁辉，Scott Rozelle. 贸易自由化与中国的农业、贫困和公平［J］．农业经济问题，2005（7）：9－15.

［90］黄季焜，杨军，仇焕广．新时期国家粮食安全战略和政策的思考［J］．农业经济问题，2012（3）：4－8.

［91］黄季焜．中国的食物安全问题［J］．中国农村经济，2004（10）：4－10.

[92] 黄季焜．中国加入世贸组织和农业可持续发展［J］．环境保护，2002（3）：41－44.

[93] 黄诗铿，王艳华，邱志明．油料发展战略与我国粮食生产安全［J］．中国软科学，2003（1）：33－36.

[94] 李国祥．2003年以来中国农产品价格上涨分析［J］．中国农村经济，2011（2）：11－21.

[95] 李磊，刘斌，胡博，谢璐．贸易开放对城镇居民收入及分配的影响［J］．经济学（季刊），2011（10）：309－326.

[96] 李磊，刘斌，胡博等．贸易开放对城镇居民收入及分配的影响［J］．经济学（季刊），2011，11（1）：309－326.

[97] 李庆海，李锐，王兆华．农户土地租赁行为及其福利效果［J］．经济学（季刊），2011，11（1）：269－288.

[98] 李锐，李宁辉．农户借贷行为及其福利效果分析［J］．经济研究，2004（12）：96－104.

[99] 李善同，翟凡，徐林．中国加入世界贸易组织对中国经济的影响——动态一般均衡分析［J］．世界经济，2000（5）：3－14.

[100] 李石新，邹新月，郭新华．贸易自由化与中国农村贫困的减少［J］．中国软科学，2005（10）：51－57.

[101] 林乐芬，葛扬．基于福利经济学视角的失地农民补偿问题研究［J］．经济学家，2010（1）：49－56.

[102] 林毅夫，余淼杰．我国价格剪刀差的政治经济学分析：理论模型与计量实证［J］．经济研究，2009（1）：42－56.

[103] 刘凤芹．农业土地规模经营的条件与效果研究：以东北农村为例［J］．管理世界，2006（9）：71－79.

[104] 刘莹，黄季焜．农户多目标种植决策模型与目标权重的估计［J］．经济研究，2010（1）：148－157.

[105] 刘宇，黄季焜，杨军．新一轮多哈贸易自由化对中国农业的影响［J］．农业经济问题，2009（9）：16－23.

[106] 卢峰．比较优势结构与开放型棉产业发展［J］．管理世界，2006（11）：59－69，89.

[107] 卢锋．粮食巨额亏损的深层根源［J］．调研世界，1999（3）：6－11.

［108］罗锋，牛宝俊．国际农产品价格波动对国内农产品价格的传递效应——基于VAR模型的实证研究［J］．国际贸易问题，2009（6）：16－22.

［109］马晓河，蓝海涛．加入WTO后我国农业补贴政策研究［J］．管理世界，2002（5）：66－75.

［110］马晓河．我国中长期粮食供求状况分析及对策思路［J］．管理世界，1999（3）：154－166.

［111］倪洪兴．开放条件下我国农业产业安全问题［J］．农业经济问题，2010（8）：8－12.

［112］倪洪兴等．开放条件下我国大豆产业发展［J］．农业经济问题，2012（8）：7－12.

［113］牛晓帆．西方产业组织理论的演化与新发展［J］．经济研究，2004（3）：116－123.

［114］彭开丽，张鹏，张安录．农地城市流转中不同权利主体的福利均衡分析［J］．中国人口·资源与环境，2009，19（2）.

［115］秦富，李先德，吕新业，卢向虎．河南小麦产业链各环节成本收益研究［J］．农业经济问题，2008（5）：13－19.

［116］全国农业区划委员会．中国农业自然资源和农业区划［M］．北京：中国农业出版社，1991.

［117］萨米尔·阿明．不平等的发展［M］．北京：商务印书馆，1990.

［118］沈琼，刘小和．我国油料、植物油的进口特征及品种间的替代性分析［J］．中国农村经济，2006（5）：25－31.

［119］税尚楠．世界农产品价格波动的新态势：动因和趋势探讨［J］．农业经济问题，2008（6）：14－19.

［120］宋承先，许强．现代西方经济学［M］．上海：复旦大学出版社，2004.

［121］苏应蓉．全球农产品价格波动中金融化因素探析［J］．农业经济问题，2011（6）：89－95.

［122］速水佑次郎，神门善久．农业经济论［M］．北京：中国农业出版社，2003.

［123］王斌，尹翔硕．加入世界贸易组织对中国农业福利的影响［J］．农业经济问题，2001（1）：24－31.

［124］王德文，黄季焜．双轨制度下中国农户粮食供给反应分析［J］．经

济研究，2001（12）：55－65.

［125］王汉中．我国食用油供给安全形势分析与对策建议［J］．中国油料作物学报，2007（3）：347－349.

［126］王济民．我国的大豆经济：供给与需求的重点分析［D］．中国农科院博士学位论文，2000.

［127］王璐，冯中朝．油菜产业链脉络及其安全状况评估［J］．改革，2013（12）：58－67.

［128］王少瑾．对外开放与我国的收入小平等——基于面板数据的实证研究［J］．世界经济研究，2007（4）：16－20.

［129］王绍光．大豆的故事——资本如何危及人类安全［J］．开放经济，2013（3）：87－108.

［130］王晓辉．中国植物油产业发展研究［D］．中国农科院博士学位论文，2012.

［131］王秀清，H. T. W. Eldegebriel，A. J. Rayner. 纵向关联市场间的价格传递［J］．经济学季刊，2007（4）：885－896.

［132］J. M. 伍德里奇．计量经济学导论——现代观点［M］．北京：中国人民大学出版社，2003.

［133］武拉平．农产品市场一体化研究［M］．北京：中国农业出版社，2000.

［134］徐烽烽，李放，唐焱．苏南农户土地承包经营权置换城镇社会保障前后福利变化的模糊评价［J］．中国农村经济，2010（8）：67－79.

［135］徐锐钊．比较优势、区位优势与我国油料作物区域专业化研究［D］．南京农业大学博士学位论文，2009.

［136］徐雪高，曹慧，刘宏．中国油料作物及食用植物油供需现状与未来发展趋势分析［J］．农业展望，2012（11）：9－15.

［137］徐永金，陆迁．粮食价格波动对主产区福利影响的实证分析［J］．财贸研究，2012（5）：61－67.

［138］亚当·斯密．国民财富的性质和原因研究（下卷）［M］．北京：商务印书馆，1979.

［139］杨根全，李圣军．农产品价格波动的影响因素及发展趋势［J］．农业展望，2011（2）：24－27.

［140］杨锦莲．中国油菜产业竞争力研究［D］．华中农业大学博士学位论

文，2004.

［141］杨树果，何秀荣．中国大豆产业状况和观点思考［J］．中国农村经济，2014（4）：32－41.

［142］杨小凯，张永生．新贸易理论、比较利益理论及其经验研究的新成果：文献综述［J］．经济学季刊，2001，1（1）：19－44.

［143］尹奇，马璐璐，王庆日．基于森的功能和能力福利理论的失地农民福利水平评价［J］．中国土地科学，2010，24（7）：41－46.

［144］于晓华，钟甫宁．如何保障中国粮食安全［J］．农业技术经济，2012（2）：4－8.

［145］翟虎渠．关于中国粮食安全战略的思考［J］．农业经济问题，2011（9）：4－7.

［146］张耿．转型期中国经济波动的福利效应研究［D］．上海交通大学博士学位论文，2007.

［147］张利庠，张喜才．外部冲击对我国农产品价格波动的影响研究——基于农业产业链视角［J］．管理世界，2011（1）：71－81.

［148］张巨勇，于秉圭，方天．我国农产品国内市场与国际市场价格整合研究［J］．中国农村经济，1999（9）：27－37.

［149］张淑荣，魏秀芬．我国棉花产业安全状况评价［J］．农业技术经济，2011（2）：92－95.

［150］章胜勇，李崇光．中国大豆的比较优势及中美大豆成本效益的经济学分析［J］．中国农村观察，2005（1）：18－26.

［151］赵丽佳，冯中朝．我国油料和植物油的产业安全：基于进口视角的分析［J］．国际贸易问题，2008（12）：29－36.

［152］赵丽佳．中国植物油产品的进口贸易研究［D］．华中农业大学博士学位论文，2009.

［153］赵书博．出口退税福利效应研究［J］．管理世界，2008（5）：166－167.

［154］赵莹．中国的对外开放和收入差距［J］．世经济文汇，2003（4）：55－70.

［155］钟甫宁，刘顺飞．中国水稻生产布局变动分析［J］．中国农村经济，2007（9）：39－44.

［156］钟甫宁，顾和军，纪月清．农民角色分化与农业补贴政策的收入分配

效应［J］. 管理世界，2008（5）：65－76.

［157］钟甫宁. 世界粮食危机引发的思考［J］. 农业经济问题，2009（4）：4－9.

［158］周曙东，徐志刚，封进. 加入世贸组织对我国农业的影响及对策［J］. 农业经济问题，2000（1）：44－49.

［159］周应恒，邹林刚. 中国大豆期货市场与国际大豆期货市场价格关系研究——基于VAR模型的实证分析［J］. 农业技术经济，2007（1）：55－62.

［160］周振亚. 中国植物油产业发展战略研究［D］. 中国农科院博士学位论文，2012.

［161］朱晶，洪伟. 贸易开放对我国工农产品贸易条件及农民福利的影响［J］. 农业经济问题，2007（12）：9－14.

［162］朱晶，张姝. 贸易自由化对中国土地密集型农产品调整成本的影响分析［J］. 中国农村经济，2010（1）：10－18.

［163］朱希刚. 农村产业结构调整与农村经济发展［J］. 农业技术经济，1999（6）：1－4，12.

［164］朱晓峰. 论我国的农业安全［J］. 经济学家，2002（1）：25－30.

［165］朱晓峰. 中国粮食问题：远景与求解策略［J］. 中国软科学，1997（6）：115－120.